SPACE ANATOMY

jovis

SPACE ANATOMY

Die räumliche Dimension österreichischer
Gesundheitspraxis

Magdalena Maierhofer, Evelyn Temmel, Judith M.
Lehner, Kathrin Schelling, Lene Benz (Hg.)

jovis

Inhaltsverzeichnis

Zur Auseinandersetzung mit
der räumlichen Dimension öster-
reichischer Gesundheitspraxis

Eine globale Pandemie, der demografische Wandel, neue medizinische Methoden durch Digitalisierung, eine wachsende, sozial bedingte Ungleichheit der Gesundheitschancen und steigende Kosten im Gesundheitswesen, der Trend zur Behandlungsindividualisierung, aber auch ein völlig neues Verständnis von Gesundheit an sich bringen grundsätzliche Veränderungen unserer Gesundheitsversorgung mit sich. Auch in Österreich sehen wir ein Gesundheitssystem im Umbruch. So entstehen derzeit zahlreiche neue Initiativen und Gesundheitseinrichtungen – und viele weitere befinden sich in Planung. Wie und wo diese umgesetzt werden und welche Folgen das für einzelne Institutionen, Städte, Gemeinden, aber auch für die direkte Nachbarschaft im Alltag hat, sind weitreichende Fragen. Antworten auf die Fragen zu den Themen Entlastung überfüllter und kostenintensiver Ambulanzen, Ärzt:innenmangel oder Pflege einer wachsenden Zahl Hochaltriger zu finden, erfordert eine multidisziplinäre, profunde Erkundung der komplexen Thematik. Für diese Herausforderungen braucht es planerische Instrumente und Methoden, Prozesse und Strategien, die es ermöglichen, vorhandene Wissensbestände, Ressourcen und Kompetenzen von Menschen aufzugreifen und mit Fachwissen zu ergänzen, um schlussendlich künftige (Gesundheits-)Infrastrukturen aktiv gestalten zu können. Der Diskurs über die Gesundheitspraxis[1] wurde bisher meist ohne Architekt:innen und Raumplaner:innen geführt, obwohl besonders deren Expertise betreffend räumliche Aspekte Relevanz für die Entwicklung und Planung von Gesundheitsprojekten hat. Das hier vorliegende Buch SPACE ANATOMY[2] soll einen Einblick geben, wie diese Professionen – vor allem ihre transdisziplinäre Verbindung – dem Diskurs weitere wichtige Perspektiven hinzufügen können.

Die Nachricht, dass unser Projekt SPACE ANATOMY von einer Fachjury an der TU Wien im Rahmen der EXCITE-Initiative zur Durchführung ausgewählt wurde, erhielten wir im Februar 2020. Kurze Zeit später führte die Covid-19-Pandemie dazu, dass die Themen Gesundheit und Gesundheitsversorgung allgegenwärtig wurden, auch im Architektur- und Planungsdiskurs. Die Argumente für eine Zusammenschau von gebauter Umwelt und Gesundheit – von denen wir glaubten, mühsam durch unsere Forschungsarbeit überzeugen zu müssen – wurden im Alltag plötzlich mehr als deutlich. Die Verfügbarkeit von gut erreichbarer und funktionierender Gesundheitsversorgung sowie von Erholungsorten und sozialen Treffpunkten in der Nähe des Wohnumfelds wurde uns als wesentlich für unsere körperliche und psychosoziale Gesundheit wieder bewusst. Beinahe drei Jahre nach Pandemiebeginn zeigt sich, dass Erkenntnisse aus Alltagserfahrungen und beeindruckende Fortschritte in Spezialgebieten der Medizin schrittweise in etablierte Planungssysteme und Architektur-routinen übersetzt werden können. Auch die in diesem Buch versammel-ten Beispiele für Gesundheitseinrichtungen und soziale Infrastrukturen warten noch darauf, vielfach repliziert zu werden.

Das Forschungsprojekt, das dieser Publikation zugrunde liegt, kombiniert die Perspektiven mehrerer Disziplinen auf aktuelle Ansätze in der österreichischen Gesundheitsversorgung im urbanen und im ländli-chen Raum. Wobei das Ziel der Forschung darin lag, die alltäglichen und institutionellen Praktiken rund um Gesundheit, Gesundheitsinfrastruktu-ren und die damit verbundene Planungs- und Architekturpraxis zu er-gründen und Aufschlüsse darüber zu gewinnen, wo Potenziale für die Ent-wicklung alternativer Gebäudetypologien und räumlich integrierter Gesundheitsangebote liegen sowie wo und wie vorhandene Gebäude und Planungssysteme für neue Herausforderungen gestärkt werden können.

Auch wenn die Digitalisierung es ermöglicht, Informationen bereitzustellen und auszutauschen sowie Abläufe zu systematisieren, sind physische Orte zur Behandlung, Gesundheitsförderung und sozialen Interaktion (weiterhin) Voraussetzung. Wie einfach oder schwer diese Orte erreicht und genutzt werden können, hängt unter anderem von planeri-schen Lösungen und architektonischer Qualität ab. Diesem Zusammenhang von räumlicher Dimension und Gesundheit sind wir in vielen Formen begegnet und dabei auch auf Widersprüchlichkeiten innerhalb der Projek-te und der dazugehörigen (fachlichen) Diskurse gestoßen.

So reagieren architektonische Lösungen trotz ausgefeilter Typo-logie auf der grünen Wiese nur unzureichend auf soziale und ökologi-sche Herausforderungen in Bezug auf Erreichbarkeit, Ressourcen und die Reduktion des Bodenverbrauchs. Die Folge sind erhöhter Individualver-kehr, um zu den Einrichtungen zu gelangen, die Nicht-Erreichbarkeit für Menschen, die kein Auto zur Verfügung haben (wie zum Beispiel ältere Personen oder Jugendliche), sowie weitere Flächenversiegelung. Exklusive Gesundheitspraxis, die nur einem kleinen Teil der Bevölkerung zur Verfü-gung steht und vulnerable oder sozio-ökonomisch benachteiligte Grup-pen ausschließt, trägt trotz beeindruckender Materialwahl und räumlicher Großzügigkeit kaum zu einer nachhaltigen Entwicklung der Versorgungs-landschaft bei.

Zugleich können in das örtliche Gefüge integrierte Einrichtun-gen über den gesundheitlichen Versorgungsauftrag hinauswirken und wie in Haslach zur Belebung des Zentrums und einer zukunftsfähigen Ent-wicklung der Gemeinde beitragen. Auch die «Mehrzeller Nachbarschaft» verbindet das Leben im Senior:innenheim mit der Alltagswelt im Ort und steigert so das Wohlbefinden der Menschen in- und außerhalb der Institution. Klar wurde, dass es sich oft um keine isolierten Versorgungsräume handelt, sondern dass die Grenzen verschwimmen, und so ist in Dafins nicht ganz klar, ob das kleine selbstverwaltete Kaffeehaus zum betreuten Wohnen gehört oder Teil des Dorfes ist – jedenfalls ist es ein Mehrwert für alle.

Im Auswahlprozess zu den hier gezeigten Beispielen wurden auch blinde Flecken innerhalb des Architektur- und Planungsdiskurses sichtbar. Lücken werden deutlich, wenn es etwa darum geht, interessante Gesundheitseinrichtungen und soziale Infrastrukturen in den Diskurs einzubringen, die nicht als Neubauten entstanden sind. Insbesondere im Bestand finden sich jedoch Herausforderungen und Potenziale, die auf innovative Herangehensweisen u.a. von Architekt:innen und Planer:innen warten.

Die Komplexität der Thematik verlangt von allen involvierten Akteur:innen eine Perspektivenerweiterung über den eigenen Arbeitsbereich hinaus. Jene Baupraxis, bei der sich Spezialist:innen den Raum untereinander aufteilen und nur im Rahmen ihrer Raumfragmente agieren, anstatt den Raum und die Beziehungen der Fragmente zueinander ins Zentrum zu stellen (vgl. Löw und Sturm 2005), erreicht hier ihre Grenzen. Gleichzeitig muss eine verhältnisorientierte Gesundheitsförderung und Public Health Policy, die sich der räumlichen Dimension gesunder Lebenswelten bewusst ist, deren Planung und Materialisierung unter Miteinbeziehung von Architekt:innen und Raumplaner:innen mitdenken.

Das vorliegende Buch unternimmt den Versuch der Perspektivenerweiterung, indem unterschiedliche Sichtweisen aus Planung, Architektur und Gesundheitsversorgung verbunden und neue Ansätze anhand von Projekten und Diskussionen sichtbar gemacht werden. Sein Aufbau reflektiert den transdisziplinären Anspruch unseres Forschungsprojekts, weshalb neben Planer:innen und Architekt:innen auch Wissenschafter:innen, Praktiker:innen und Nutzer:innen zu Wort kommen.

Das erste Kapitel «Perspektiven» zeigt mit dem Blick auf historische und rezente Entwicklungen von Gesundheitsinfrastrukturen, wie sich Betrachtungsweisen verschieben, Typologien ändern und Innovationen entwickeln. Internationale Expert:innen widmen sich in ihren Beiträgen den unterschiedlichen disziplinären Herausforderungen, die sich aus der vielschichtigen gegenseitigen Wirksamkeit von Gesundheit und Gesundheitsinfrastrukturen auf der einen und Planung und Architektur auf der anderen Seite ergeben. Die Historikerin Monika Ankele beleuchtet historische Veränderungen in der wechselseitigen Beziehung von Psychiatrie und Architektur, Janina Kehr diskutiert Krankenhaustypologien, die während der Pandemie in Spanien entstanden sind, und Cor Wagenaar fragt nach den gesundheitlichen Auswirkungen planerischen und architektonischen Handelns auch im historischen Rückblick.

Das Kapitel «Gespräche» fängt unterschiedliche Sicht- und Herangehensweisen ein, die Impulse für die zukünftige Gesundheitspraxis und ihre räumlichen Dimensionen geben. Im Rahmen einer SPACE ANATOMY Lunch-Talk-Reihe sprachen wir mit Praktiker:innen, Expert:innen, Aktivist:innen, Autor:innen und Wissenschafter:innen über den Aspekt Architektur und Planung in Gesundheit, Pflege und Versorgung im Alltag.

Im Zentrum der Publikation findet sich der «Katalog» als eine Sammlung von zwanzig aktuellen Beispielen der österreichischen Gesundheitsversorgungs- und Pflegelandschaft, die in Form von Isometrien, Plänen und Kurztexten porträtiert sind. Bei der Auswahl der präsentierten Beispiele ging es nicht um Best-Practice-Kriterien, die sich an disziplinären Präferenzen und normativen Idealvorstellungen orientieren. Viel eher war es uns wichtig, die Vielfalt an Herangehens- und Bauweisen abzubilden, die in den letzten Jahren in der österreichischen Gesundheitslandschaft als gebaute Umwelt sichtbar wurde.

Vier Beispiele des Katalogs werden im Kapitel «Ausflüge» von Studierenden der TU Wien, Fakultät für Architektur und Raumplanung, vertieft beschrieben und – in Abhängigkeit des jeweiligen Themenfokus – anhand unterschiedlicher methodischer Zugänge mit Texten, Infografiken, Plänen und Bildern dargestellt. «Katalog» und «Ausflüge» zeigen die Komplexität von Bau- und Planungsaufgaben mit einer Vielzahl von Akteur:innen. Für angehende Architekt:innen und Planer:innen erscheint es daher wesentlich, über Fokussierungen auf Typologien und Materialwahl hinaus über die Vielschichtigkeit von Planungsaufgaben, Aneignungs- und Mitbestimmungsmöglichkeiten sowie die Bedeutung von Architektur für das Gemeinwesen zu reflektieren.

Um diese Reflexion zu ermöglichen, wurden während der Erstellung der Sammlung neue Formate zur Erkundung von Projekten in der österreichischen Gesundheitsversorgung und Pflegelandschaft entwickelt, die im Kapitel «Methoden» beschrieben und visualisiert sind. Die bei der Konzeption von SPACE ANATOMY noch nicht absehbaren Bedingungen einer globalen Pandemie bedeuteten Einschränkungen in den Möglichkeiten der Forschung sowie der Kommunikation mit vor Ort aktiven Institutionen, Organisationen und Vereinen. Dennoch gelang den Studierenden ein intensiver Austausch mit vielen handelnden Personen durch eine kreative und alternative Herangehensweise in ihrem Forschungsdesign (Mapping, Derives etc.).

Zusammengefasst zeigen «Perspektiven», «Diskussionen» und «Katalog» das breite Spektrum räumlicher Erscheinungsformen aktueller Gesundheitspraktiken in ihrer großen Bandbreite und der Vielzahl an völlig neuen Räumen und Spielarten der Versorgung. Dabei werden neben der architektonischen Qualität auch raumplanerische und soziale Wirkungen besprochen.

Schon während der Recherche zu diesem Buch hat sich die Gesundheitslandschaft weiterentwickelt, neue Projekte sind entstanden, nicht dagewesene Fragen müssen gestellt und neue Lösungsansätze gefunden werden. So wird in Zukunft ein Bewusstsein für die stetige Transformation unseres Gesundheitsverständnisses und damit auch der gebauten Umwelt wesentlich sein, um adäquat und innovativ zu reagieren und eine hohe Lebensqualität möglichst Vieler zu ermöglichen. Mit dem vorliegenden Buch wird darauf hingewiesen, welche Blickrichtungen lohnend, welche Zusammenhänge wesentlich und welche transdisziplinären Kooperationen dabei unterstützend sind.

Das Buch richtet sich an Leser:innen, die sich für erweiterte Perspektiven auf die räumlichen Aspekte von Gesundheit und Public Health interessieren und sich über aktuelle gebaute Beispiele von Gesundheitseinrichtungen in Österreich informieren wollen. Wir freuen uns, wenn wir durch diese Publikation einen Austausch über Fachgrenzen hinaus anstoßen und sichtbar machen, dass neue, vielschichtige Zugänge zum Gesundheitsthema erforderlich sind. Diese müssen auf einem transdisziplinären Verständnis aufbauen und über die Grenzen von Denkkollektiven (Fleck 2012) hinausgehen.

1   Der Begriff Praxis hat mehrere Bedeutungen: Einerseits beschreibt er eine bestimmte Art und Weise etwas zu tun oder eine Anwendung von Gedanken, Vorstellungen, Theorien oder Ähnlichem in der Wirklichkeit, andererseits bezeichnet man damit aber auch die Räumlichkeiten, in denen beispielsweise Ärzt:innen, Physiotherapeut:innen oder Psycholog:innen ihren Beruf ausüben.

2   Das Wort Anatomie ist ein medizinischer Fachbegriff und kann als «Zergliederungskunst» übersetzt werden. Sie dient dem Verständnis der einzelnen Teile unseres Körpers und ihrer Lage zueinander (Dudenredaktion o.J.). Im allgemeinen Sinn meint Anatomie die «Zergliederung, Strukturbestimmung, Analyse von konkreten und abstrakten Dingen» (Schulz & Baseler 1995).

13

Fleck, Ludwik (2012). Entstehung und Entwicklung einer wissenschaftlichen Tatsache. Einführung in die Lehre vom Denkstil und Denkkollektiv, Frankfurt am Main.

Löw, Martina / Sturm, Gabriele (2005). «Raumsoziologie.» In: Fabian Kessl et al. (Hg.): Handbuch Sozialraum, S. 31–48. Wiesbaden.

Hans Schulz / Otto Basler (1995). Deutsches Fremdwörterbuch, Bd. 1, Berlin.

Vorwort

1

Perspektiven

Themen zu Gesundheitspraktiken und Infrastrukturen werden aus verschiedenen Perspektiven betrachtet und verhandelt. Das folgende Kapitel versammelt drei exemplarische Texte, die aus unterschiedlichen disziplinären, historischen und geografischen Kontexten einen Blick auf gebaute Gesundheitsräume werfen.

Monika Ankele

**Psychiatrie und Raum in
historischer Perspektive**

«Architecture must be included»[1]

Architecture is an important part of man's environment and he creates it for himself. Buildings not only provide an immediate solution for his needs, but also reflect his culture and aspirations. In most cultures, buildings last more than one generation and therefore the architecture of one generation will affect the next. During recent decades, psychiatry has become more concerned with the influence of social factors on psychiatric patients, and among social factors architecture must be included.
(Baker/Davies/Sivadon 1959, 9)

In den Jahren zwischen 1957 und 1959 erstellten die Psychiater Alex Anthony Baker und Paul Sivadon gemeinsam mit dem Architekten Richard Llewelyn-Davies im Auftrag der Weltgesundheitsorganisation einen Bericht, der unter dem Titel «Psychiatric Services and Architecture» Empfehlungen für den Bau zukünftiger psychiatrischer Krankenhäuser enthielt. Mit dem Zitat, das diesem Text vorangestellt ist, eröffneten die Autoren ihren Bericht und vermittelten in diesem ersten Absatz zentrale Grundannahmen zur wechselseitigen Beziehung von Psychiatrie und Architektur, auf denen ihre Ausführungen basierten. Zum einen wiesen sie auf die kulturellen Implikationen und sozialen Effekte von Architektur hin, die aufgrund ihrer Langlebigkeit auch die nachfolgenden Generationen in ihrem Handeln und Denken prägen. Zum anderen beriefen sie sich auf ein Modell psychischer Erkrankung, das die sozialen Faktoren hinsichtlich ihres Einflusses auf das Krankheitsgeschehen stärker reflektiert. Hier war eine der Schnittstellen zur Architektur gegeben, denn die Autoren plädierten dafür, dass die Psychiatrie die Architektur als sozialen Einflussfaktor miteinbeziehen müsse: «Architecture must be included.»

Die Anstalt als «Heilmittel»

Ohne auf die Details des Berichts von Baker et al. eingehen zu wollen, soll im Folgenden eine historische Perspektivierung auf das Verhältnis von Psychiatrie und Architektur vorgenommen werden, wobei Architektur in den Ausführungen etwas grundsätzlicher als der Raum definiert wird, der für die Versorgung der Kranken gebaut, adaptiert, angelegt oder genutzt wurde. Dabei zeigt der Blick in die Geschichte der Psychiatrie, dass die Forderung von Baker et al. nach einer stärkeren Berücksichtigung der Architektur in ihrer Wirkung auf den erkrankten Menschen nicht neu war: Seit dem frühen 19. Jahrhundert, als die ersten Anstalten für die ausschließliche Versorgung psychisch Kranker gegründet wurden, richteten die Psychiater ihre Aufmerksamkeit auf diese neuen Räume – mitunter waren es Schlösser und Klöster, die im Zuge der Säkularisierung frei geworden waren – und schrieben ihrer peripheren Lage, ihrer Architektur und ihrer Ausstattung besondere Wirkungen auf den Erkrankten zu. (vgl. u.a. Reil 1803)[2] Noch bevor spezifischere Behandlungen zur Anwendung kamen, sollte der Raum seine Effekte auf den neu aufgenommenen Kranken entfalten, indem er ihn an einem fremden Ort mit einer neuen Welt konfrontierte.[3] Die Anstalt war in diesem Sinn als ein Behandlungs- und Heilmittel konzipiert. «Gewöhnliche Krankenanstalten machen die Behandlung physisch Kranker viel leichter und wohlfeiler, sie fördern daher die Heilung sehr, eine Irrenanstalt aber ist [...] selbst ein Werkzeug zur Heilung», (Esquirol 1827, 125) so der einflussreiche Psychiater Jean-Étienne Dominique Esquirol. Ein zentraler Grundsatz der Behandlung war in einem ersten Schritt die Entfernung des Kranken aus seiner gewohnten Umgebung und in einem zweiten Schritt seine Verbringung an einen «fremden Ort [...]» (ebd., 108) –

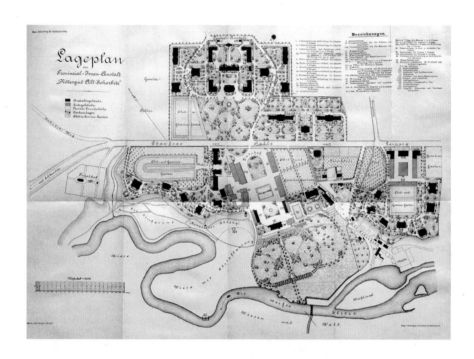

Anstalt Rittergut Alt-Scherbitz: Lageplan

nämlich in eine «gut eingerichtete Irrenanstalt» (ebd., 122). Dieser Bruch mit dem Vertrauten schien notwendig, um den «Ideen» und «Gefühlen» des Kranken «eine neue Richtung» zu geben (ebd., 108).

Doch waren die Anstalten erst einmal errichtet und damit eine Zentralisierung der Versorgung der Kranken etabliert, setzten schon bald Debatten darüber ein, wie eine ideale Anstalt konzipiert sein müsse: Sollten heilbare Kranke von unheilbaren getrennt werden? Sollte man Anstalten weit abgelegen am Land oder im Zentrum einer Stadt errichten? Wie musste der Raum der Anstalt gestaltet sein, um bestimmte Behandlungsansätze zur Anwendung bringen zu können? Und konnte der Raum auch schädigende Effekte auf den Kranken zeigen, Symptome gar verschlimmern? Im ausgehenden 19. Jahrhundert mehrte sich schließlich die Kritik, dass die im Zuge der ersten Gründungswelle errichteten Anstalten mit ihren Umfassungsmauern, Fenstergittern und Zellen mehr an Gefängnisse als an Krankenhäuser erinnerten, was in den Patient:innen ein Gefühl von Schuld und Strafe, nicht aber von Kranksein und therapeutischer Behandlung evozierte. Der psychiatriekritischen Öffentlichkeit dieser Jahre galten die in der ländlichen Abgeschiedenheit gelegenen Anstalten zudem als Orte, an denen die Patient:innen «lebendig begraben» wurden. Auch standen die geschlossenen Anlagen bestimmten Behandlungsansätzen entgegen, u.a. wenn es darum ging, die Patient:innen mit Arbeit im Freien zu beschäftigen. Zugleich stellte Arbeit einen zunehmend wichtigen Faktor in der Behandlung der Kranken dar.

Ab den 1870er Jahren entstanden mit der «zweiten Welle der Gründungen von psychiatrischen Anstalten [...] besondere komplementäre Formen der Versorgung oder der Betreuung von Patientinnen und Patienten», so der Medizin-

historiker Heinz-Peter Schmiedebach. Diese zeichneten sich dadurch aus, dass sie über die «Grenzen der Anstalt hinaus(reichten)» (Schmiedebach 2016, 15). Mit diesen neuen Versorgungskonzepten reagierten Psychiater u.a. auf die Forderung nach einer «freieren Behandlung» der Kranken – zumindest jener, die sich ruhig verhielten, Arbeit leisten konnten und keine Aussicht auf eine baldige Entlassung hatten. Eines dieser Konzepte war die sogenannte koloniale Irrenanstalt, die in ihrer gesamten Anlage an die Struktur eines Dorfes angelehnt war. Mit ihrer Diffusion in den Raum, der die Anstalt unmittelbar umgab, stellte dieses Modell einen ersten Schritt in Richtung einer Öffnung der geschlossenen Einrichtungen dar.

Die Anstalt als Dorf

«Das Bedürfniss nach Einführung freierer Verpflegungsformen [...] wurde [...] Veranlassung, von der ausschließlichen Unterbringung der Kranken in geschlossenen Anstalten abzugehen» (Paetz 1893), schrieb der Psychiater Albrecht Paetz in seinem 1893 veröffentlichten Buch über die «Kolonisirung der Geisteskranken». Darin stellte er das Modell der «kolonialen Irrenanstalt» am Beispiel der Anstalt Rittergut Alt-Scherbitz vor, die er ab 1879 leitete und als erste Repräsentantin dieses «modernen Systems» beschrieb (Paetz 1910, 345).[4]

Im Frühjahr 1876 übersiedelte Paetz mit einer Gruppe von Patient:innen von der Provinzial-Irrenanstalt Nietleben bei Halle a. d. Saale auf das Rittergut Alt-Scherbitz, das von der Provinz Sachsen für die Errichtung einer Irrenanstalt angekauft worden war und dessen Areal sich auf 288,5 Hektar erstreckte. Der wesentliche Unterschied zu bisherigen Anstaltsbauten sollte der sein, dass das Rittergut Alt-Scherbitz «aus finanziellen, humanitären und irrenärztlichen Rücksichten nicht nach dem Muster sogenannter geschlossener Anstalten gebaut werden, sondern aus einer kleineren Centralanstalt [...] und aus einer grösseren Zahl einzelner Häuser zur freien Verpflegung [...]» bestehen sollte (Paetz 1893, 140).

Die Verbindungsstraße, die von Halle nach Leipzig führte, trennte das Gelände der Anstalt in zwei Hälften: Auf dem nördlich der Straße gelegenen Teil wurden die Gebäude der (geschlossenen) Zentralanstalt errichtet, die für die Versorgung jener Patient:innen bestimmt war, die akute Symptome zeigten, Bettruhe halten mussten und einer Überwachung bedurften – und damit in ihrer Bewegungsfreiheit eingeschränkt waren.[5]

Der südlich der Straße gelegene Teil war der Kolonie vorbehalten. Hier lebten die Patient:innen zu kleineren Gruppen in Landhäusern, die – vergleichbar mit einem Dorf – auf dem Gelände verteilt waren, und arbeiteten u.a. in der Landwirtschaft, den Werkstätten und der Gärtnerei. Die Türen der Häuser standen tagsüber offen («Offen-Tür-System») und die Patient:innen konnten sich frei auf dem Anstaltsterrain bewegen. Die Kolonie basierte auf dem Konzept einer therapeutischen Arbeitsgemeinschaft, die Nahrungsmittel und Gegenstände des täglichen Bedarfs selbst herstellte und sich nahezu autark versorgen konnte. Die Patient:innen der Kolonie verbrachten oft ihr ganzes Leben in dieser Einrichtung, die ihnen ihr Zuhause ersetzen sollte (oder musste). Daher plädierte Paetz dafür, dass nichts in der Kolonie an eine psychiatrische Einrichtung erinnern dürfe. Alles «Anstaltsmäßige» sollte vermieden und jedes Detail der Anstalt, soweit möglich, an jene Verhältnisse angepasst werden, die die Bewohner:innen in ihrem bisherigen Leben gewohnt waren.

Galt um 1800 noch der Bruch mit dem Vertrauten als wichtiger Einsatzpunkt der psychiatrischen Behandlung, so sollte um 1900 die Anstalt in ihrer Anlage, Architektur und Einrichtung an die Gewohnheiten der Erkrankten anschließen, um eine Integrierung in die neuen Verhältnisse zu erleichtern – dazu gehörte auch die Ausweitung der geschlossenen Anstalt auf den sie umgebenden Raum und die Etablierung einer neuen räumlichen Struktur, die mit den Behandlungsansätzen einer freieren Verpflegung korrespondierte.

Das «Ende der Anstalt»?[6]

Mit der kolonialen Anstalt wurde ein Modell etabliert, das eine (erste) Diffusion der geschlossenen Anstalt markierte – allerdings unter Beibehaltung ihrer peripheren Lage, die mit einem Ausschluss der Kranken aus der Gesellschaft gleichzusetzen war. Änderten sich in den folgenden Jahrzehnten zwar die Behandlungsansätze, so blieben die Lage und die räumlichen Strukturen der Einrichtungen – und damit das, was sie für die Kranken bedeuteten (Verwahrung, Ausschluss) – meist unverändert. So zeigte ein Bericht, der Anfang der 1970er Jahre zur Lage der Psychiatrie in der Bundesrepublik Deutschland erhoben wurde, dass sich 31,1% der zu diesem Zeitpunkt (1973) bestehenden psychiatrischen Krankenhäuser[7] in Gebäuden befanden, die vor 1900, und 62,2%, die vor 1925 errichtet worden waren. (Deutscher Bundestag 1975, 136). In ihren Grundrissen und der gesamten Anlage konnten diese Gebäude den therapeutischen Ansprüchen der 1970er Jahre, die zunehmend sozialpsychiatrisch geprägt waren, auf eine gesellschaftliche Reintegration der Kranken und eine höhere Durchlässigkeit der Einrichtungen setzten, nicht mehr genügen.[8] Doch der Bericht ist bereits Ausdruck der Kritik, die in den 1970er Jahren kulminierte.[9] Was mit dem Konzept der kolonialen Irrenanstalt zu Beginn des 20. Jahrhunderts in Ansätzen erprobt worden war, sollte

Anstalt Rittergut Alt-Scherbitz
oben: Geschlossene Abteilung, unten: Blick auf den Gutshof

Psychiatrie und Raum in historischer Perspektive

im Zuge der Psychiatriereform jener Jahre mit der Dezentralisierung psychiatrischer Krankenhäuser und der Etablierung einer gemeindenahen Versorgung seine Fortsetzung finden. Durch die Pluralisierung und Differenzierung von Versorgungsangeboten (Tages- und Nachtkliniken, Wohnheime, Ambulanzen, Nachsorgeprogramme, sozialpsychiatrische Dienste, Erhöhung der Anzahl niedergelassener Fachärzte und psychotherapeutischer Angebote, Einrichtung psychiatrischer Fachabteilungen in den Allgemeinkrankenhäusern[10] etc.) sollte die schrittweise Auflösung der psychiatrischen Großkrankenhäuser[11] eingeleitet werden. Waren diese bis zu ihrer Reformierung vor allem für die dort untergebrachten Langzeitpatient:innen der zentrale Lebensraum gewesen, so sollte Psychiatrie nach der Reform vor allem unterstützend und temporär intervenierend sein (vgl. Berger 2003). Die geschlossenen Einrichtungen des frühen 19. Jahrhunderts, die eine Heilung u.a. durch die räumliche Isolierung des Kranken bewirken sollten, hatten als Modell ausgedient, auch wenn die Fachkrankenhäuser noch lange Zeit Bezugseinrichtung bleiben sollten, und der vormals klar umrissene Raum der Anstalt diffundierte im ausgehenden 20. Jahrhundert in viele einzelne, in die Städte und Gemeinden integrierte Räume und Räumlichkeiten.

1   (Baker/Davies/Sivadon 1959, 9).
2   Die folgenden Ausführungen beziehen sich auf die Entwicklungen im deutschsprachigen Raum.
3   Zu den Szenografien der Aufnahme in eine psychiatrische Anstalt im frühen 19. Jahrhundert (vgl. Kaiser 2019, Kap. 3).
4   Das Rittergut Alt-Scherbitz sollte in den darauffolgenden Jahren zum Vorbild für weitere Anstaltsneugründungen werden, für die Paetz auch als Berater hinzugezogen wurde. Die niederösterreichische Heil- und Pflegeanstalt Mauer-Öhling wurde nach dem Vorbild von Alt-Scherbitz errichtet (vgl. Topp 2017).
5   Damit war – im Gegensatz zu den bisherigen «Irren-Kolonien» – die Anbindung an eine medizinische Versorgung direkt vor Ort gegeben und Patient:innen konnten rasch von der Kolonie in die Zentralanstalt verlegt werden.
6   So lautete der gleichnamige Titel eines Buches von Asmus Finzen (vgl. Finzen 1985).
7   Nach dem Zweiten Weltkrieg fand die Umwandlung der Anstalten in psychiatrische Landeskrankenhäuser statt.
8   Zum Zeitpunkt der Erhebung des Berichts waren Schlafräume in den psychiatrischen Krankenhäusern mit vier bis zehn Betten, teilweise mit mehr als zwanzig Betten ausgestattet, während in Allgemeinen Krankenhäusern bereits Zwei- bis Dreibettzimmer die Regel waren (vgl. Deutscher Bundestag 1975, 136f).
9   Die Psychiatriekritik und die auf sie folgenden Psychiatriereformen fanden in den unterschiedlichen europäischen Ländern nach dem Zweiten Weltkrieg zeitversetzt statt. Ich beziehe mich hier auf Deutschland, wo die Reformen in den 1960er und 1970er Jahren einsetzten, sowie auf Österreich, wo die Reformen in den 1970er und 1980er Jahren einsetzten.
10   Gab es in der BRD 1970 21 psychiatrische Fachabteilungen an Allgemeinkrankenhäusern, so waren es 2001 160 (vgl. Bühring 2001). In Österreich gab es in den 1970er Jahren «mangels gesetzlicher Voraussetzungen» noch keine psychiatrischen Abteilungen an den Allgemeinkrankenhäusern (Forster 1997, 59), diese wurden erst im Zuge des Reformprogramms eingeführt.
11   In Italien wurde 1978 mit der Verabschiedung des Gesetzes Nr. 180 die schrittweise Schließung der bestehenden psychiatrischen Krankenhäuser festgelegt und der Bau neuer Anstalten untersagt (vgl. Basaglia).

Baker, Alex Anthony/Davies, R. Llewelyn/ Sivadon, Paul (1959). Psychiatric Services and Architecture. World Health Organization. Genf.

Basaglia, Franco. In: Biographisches Archiv der Psychiatrie, https://biapsy.de/index.php/ de/9-biographien-a-z/104-basaglia franco (10.08.2021)

Berger, Ernst (2003). Ausgliederung behinderter Menschen aus psychiatrischen Institutionen. Das Wiener Deinstitutionalisie- rungsprojekt. (Evaluationsstudie Endbericht, Kurzfassung) Wien. http://www.medu niwien.ac.at/neuropsychiatrie/kjprehab/ projekt/deinstitutionalisierung_kurzfassung. htm (10.08.2021)

Bühring, Petra (2001). Psychiatrie-Reform: Auf halbem Weg stecken geblieben, in: Deutsches Ärzteblatt 98/6, https://www. aerzteblatt.de/archiv/25936/Psychiatrie-Re- form-Auf-halbem-Weg-stecken-geblieben (10.08.2021)

Deutscher Bundestag (1975). Bericht über die Lage der Psychiatrie in der Bundesrepu- blik Deutschland – Zur psychiatrischen und psychotherapeutisch / psychosomatischen Versorgung der Bevölkerung (Drucksache Nr. 7/4200). Bonn.

Esquirol, Jean Étienne Dominique (1827). Esquirol's allgemeine und specielle Pathologie und Therapie der Seelenstörun- gen, frei bearbeitet von Dr. Karl Christian Hille. Leipzig.

Finzen, Asmus (1985). Das Ende der Anstalt: vom mühsamen Alltag der Reformpsychiat- rie. Bonn.

Forster, Rudolf (1997). Psychiatriereformen zwischen Medikalisierung und Gemeinde- orientierung. Eine kritische Bilanz. Opladen.

Kaiser, Céline (2019). Szenen des Subjekts. Eine Kulturmediengeschichte szenischer Therapieformen seit dem 18. Jahrhundert. Bielefeld.

Paetz, Albrecht (1893). Die Kolonisirung der Geisteskranken in Verbindung mit dem Offen-Thür-System, ihre historische Entwicklung und die Art ihrer Ausführung auf Rittergut Alt-Scherbitz. Berlin.

Paetz, Albrecht (1910). «Landes-Heil- und Pflegeanstalt der Provinz Sachsen Rittergut Alt-Scherbitz», In: Bresler, Johannes (Hg.): Deutsche Heil- und Pflegeanstalten für Psychischkranke in Wort und Bild, 1. Bd. Halle. S. 344–345, hier 345.

Reil, Johann Christian (1803). Rhapsodieen über die Anwendung der psychischen Cur- methode auf Geisteszerrüttungen. Halle a. S.

Schmiedebach, Heinz-Peter (2016). «Entgrenzungsphänomene des Wahnsinns – Einleitung», In ders. (Hg.): Entgrenzungen des Wahnsinns. Psychopathie und Psychopa- thologisierungen um 1900. Oldenbourg.

Topp, Leslie (2017). Freedom and the Cage. Modern Architecture and Psychiatry in Central Europe, 1890–1914. Pennsylvania.

Cor Wagenaar

Die räumliche Dimension von Krankheit und Gesundheit

Im späten 18. Jahrhundert verbreitete sich eine ansteckende Krankheit in den Straßen von Harlingen, einer vermögenden Hafenstadt in den Niederlanden. Simon Stinstra, ein Arzt im Ruhestand, fasste den Beschluss, wieder zu arbeiten und seine Mitbürger:innen in der Bekämpfung der Krankheit durch seine Mithilfe zu unterstützen. Er verfasste einen erstaunlich detaillierten Bericht und dank dieser historischen Schilderung, die das Auftreten und die weitere Entwicklung der Krankheit in Harlingen 1779 beschreibt, lässt sich nachvollziehen, wie die Epidemie von einem Stadtteil auf den nächsten übergriff und welche Verwüstungen sie überall dort anrichtete, wo sie sich ausbreitete (Stinstra 1783). Einige Stadtteile litten stärker als andere und nicht alle Einwohner:innen waren in gleicher Weise betroffen. Alles begann Ende Juni in einem dicht besiedelten Quartier in der Nähe der Hauptkirche. Stinstra stellte fest, dass die sommerlichen Temperaturen die Situation erheblich verschlimmerten und besonders kleine Kinder gefährdet waren. Einen Monat nach Ausbruch schlug die Krankheit auf das benachbarte Quartier über und weitere vierzig Bürger:innen erkrankten, vier von ihnen verstarben. Einen weiteren Monat später wurde auch das Gebiet westlich des ersten Ausbruchsortes, zwischen einem der Hafenbecken und den Befestigungsanlagen, befallen. Dann geschah etwas, das die Ärzte beunruhigte (Stinstra war nicht der einzige): Die Epidemie tauchte unerwartet in einem bevölkerungsreichen Gebiet nördlich der bereits betroffenen Stadtteile auf, das nicht an die bisher betroffenen Areale angrenzte. Die entscheidende Frage war: wie konnte die Krankheit dorthin gelangen? War es ein eigener Ausbruchsherd oder wurde die Krankheit von jemandem dorthin gebracht? Die Epidemie erreichte ihren Höhepunkt im September. Zu diesem Zeitpunkt waren beinahe alle Stadtteile betroffen. In Nachbarschaften mit sehr engen Straßen gab es die meisten Ansteckungen und Beschwerden, was Stinstra auf fehlende Frischluftströme zurückführte. Weiträumige Stadtteile blieben zwar nicht komplett verschont, jedoch sorgte die vorhandene Luftzirkulation dort für weniger Ansteckungszahlen, weniger Opfer und eine gewisse Linderung der Zustände. Stinstra zog Vergleiche zu individuellen Wohngebäuden und auch hier konnte beobachtet werden, dass die geräumigen Häuser der wohlhabenden Bevölkerung zumeist verschont blieben; falls sie doch von der Epidemie heimgesucht wurden, waren es hauptsächlich Kinder, die darunter am meisten litten.

Schlussendlich kam der Arzt zur Erkenntnis, dass die nordöstlichen Gebiete, ein Viertel der armen Arbeiterklasse, nur dann befallen wurden, wenn der Wind drehte, was klar darauf hindeutete, dass die Krankheit auch über die Luft übertragen wurde, auch wenn der direkte Kontakt zwischen Menschen die Hauptursache der Verbreitung war. Stinstra behandelte viele Patient:innen und musste dabei darauf achten, nicht selbst zu erkranken. Er setzte den Fokus

GESCHIEDKUNDIG VERSLAG

Van den ganschen loop der in 1779, te

HARLINGEN

GEHEERSCHT HEBBENDE

ZIEKTEN,

DOOR DEN HEER

SIMON STINSTRA,

Med. Doct, en Practiseerend Medicus aldaar,

Die Titelseite von
Simon Stinstras Bericht

Joseph Bazalgette befreite
London vom «großen
Gestank», dem schmutzigen
Nebel, der das Leben in
London ungesund machte.
Das von ihm realisierte
Abwassersystem ist einer der
wichtigsten Beiträge des
Bauingenieurwesens zur
Verbesserung der öffentlichen
Gesundheit und wurde
weltweit nachgeahmt.

Cholera-Karte Hamburg,
1832. In den dunkelrot
gefärbten Bezirken befanden
sich die meisten Opfer.

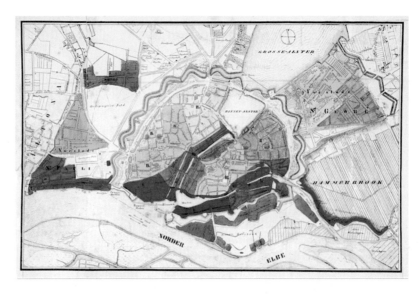

dabei auf seine Ernährung. Er nahm nur frisches Fleisch, viel Obst und Gemüse zu sich, sowie mittags ein Glas französischen oder rheinischen Rotweins; während der Behandlung von Patient:innen hatte er immer ein Salbeiblatt im Mund. Auch stellte er fest, dass keiner der jüdischen Einwohner:innen starb und nur wenige von ihnen unter leichten Symptomen litten – seine Erklärung war, dass sie kein Schweinefleisch aßen und Kräuter bevorzugten. Die Stadtverwaltung versuchte, die Epidemie einzudämmen, indem sie den Bürger:innen Reinigungsmittel für ihrer Häuser zur Verfügung stellte. Vom Stadtrat wurde angeordnet, dass Straßen und Plätze sauber zu halten seien, verstorbene Bürger:innen schneller und tiefer als üblich zu beerdigen seien und sie nicht mehr in den Kirchen selbst bestattet werden sollten. Auch die Zahl der Trauergäste müsse begrenzt werden. Obwohl die Epidemie während eines heißen Sommers auftrat, wurde angeordnet, in Krankenhäusern und Hospizen das Feuer durchgehend am Brennen zu halten, dafür wurden von der Marine kostenlos Eichenspäne zur Verfügung gestellt. Wohlhabende Bürger:innen kümmerten sich darum, Arme und schlechter gestellte Mitmenschen mit sauberer Wäsche und frischen Lebensmitteln zu versorgen.

Simon Stinstra beschreibt die Vorkommnisse in Harlingen so lebendig, dass er Albert Camus' *La Peste* von 1947 vorwegzunehmen scheint. Sein Bericht ist sehr präzis und obwohl er die Entwicklungen der Epidemie nicht kartografisch erfasste, schenkte er den räumlichen und geografischen Merkmalen ihrer Ausbreitung Aufmerksamkeit. Erst im 19. Jahrhundert fanden die von Medizinern gesammelten Daten Eingang in Karten, aus denen klar hervorging, welche Stadtteile bei Epidemien am anfälligsten waren, um daraus Schlüsse für weitere Maßnahmen zu ziehen. Ein gutes Beispiel dafür ist eine Cholerakarte von Hamburg, die die Auswirkungen der Seuche, die die Stadt 1832 heimsuchte, zeigt. Diese Karten sind statisch, sie stellen akkumulierte Daten dar, meist die Anzahl der Verstorbenen in einem Viertel, unabhängig vom Zeitpunkt des Auftretens dieser Vorfälle. Sie geben keine Auskunft über den Verlauf der Epidemie – in dieser Hinsicht ist der Bericht von Stinstra wesentlich präziser. Karten sind jedoch unübertroffen in ihrer Fähigkeit, die Beziehung zwischen Krankheiten und den räumlichen Bedingungen in Städten zu veranschaulichen. Das ist ein Grund für eine sich professionalisierende Kartenpraxis in der geomedizinischen Kartografie – ein weiterer ist die starke Zunahme von Epidemien, vor allem der Cholera, die ab den 1830er Jahren Europa in mehreren Wellen erfassten. London wurde ab 1831 bis 1854 mehrmals davon heimgesucht und es starben zehntausende Einwohner:innen. Ausgehend von den medizinischen Karten konnte der Arzt John Snow die Übertragung auf verseuchtes Wasser zurückführen. Die Krankheit wurde zum Hauptanlass für das revolutionäre Abwassersystem von Joseph Bazalgette. Sowohl Stinstras historischer Bericht als auch die medizinische Kartografie sind Beispiele für eine Raumanatomie – eine Space Anatomy: die Identifizierung der räumlichen Aspekte von Krankheiten. Nicht nur Krankheiten haben eine räumliche Dimension, sondern auch die Strategien zu ihrer Bekämpfung. Im Fall der Epidemien ist dies deutlich ablesbar. Stinstra machte sich nicht einmal die Mühe, das Offensichtliche zu erwähnen: Die Bürger:innen von Harlingen sollten zu Hause bleiben und die persönlichen Kontakte minimieren. Frühere Berichte, die zum Beispiel eine Epidemie in norditalienischen Städten im Jahr 1630 beschreiben, sind da deutlicher. Es waren damals offenbar deutsche Söldner, die die Seuche über die Alpen brachten. Im Juni

27

Die räumliche Dimension von Krankheit und Gesundheit

isolierte sich Florenz vom Rest der Welt und im Januar 1631 zwang die «sanita», die medizinische Abteilung der Stadt, ihre Bürger:innen dazu, zu Hause zu bleiben. Bars, Restaurants und Werkstätten wurden geschlossen. Weniger als ein halbes Jahr später war die Epidemie vorbei, aber zwölf Prozent der Einwohner:innen waren gestorben (Henderson, 2019). Diese Strategien haben nichts Medizinisches an sich – sie sind rein räumlich. Und sie haben sich seitdem nicht geändert.

Alles an Epidemien ist spektakulär: ihr plötzliches Auftreten, die Zahl der Todesopfer und die Tatsache, dass sie ein Stadtviertel nach dem anderen befallen, sich von Stadt zu Stadt bewegen, Grenzen zwischen Staaten überschreiten und von einem Kontinent zum anderen wandern. Wenn sie auftreten, haben die Behörden keine andere Wahl, als einzugreifen, und es ist ganz offensichtlich, dass der größte Teil der sanitären Infrastruktur – Abwassersysteme, Netzwerke zur Versorgung mit sauberem Wasser, kommunale Dienste zur Abfallbeseitigung – als Reaktion auf Epidemien entstanden ist. Es besteht auch nicht der geringste Zweifel daran, dass diese nicht-medizinischen räumlichen Strategien bei der Verbesserung der öffentlichen Gesundheit viel wirksamer waren als die Medizin – eine Tatsache, die Fachleute für öffentliche Gesundheit gerne anerkennen. Natürlich entwickeln Mediziner:innen in Zusammenarbeit mit der pharmazeutischen Industrie Impfstoffe, die einen großen Einfluss auf die Prävention verschiedener ansteckender Krankheiten hatten und haben. Jedoch sind die Auswirkungen von Krankheiten, die nicht ansteckend sind – die sogenannten «nicht übertragbaren Krankheiten» –, oftmals um einiges gravierender als die von Epidemien. Krebserkrankungen und Herz-Kreislauf-Probleme, um nur die häufigsten zu nennen, fordern viel mehr Opfer. Das Gleiche gilt für die Folgen eines ungesunden Lebensstils: Rauchen bedingte mehr Todesfälle als die Erkrankung an COVID-191. Ein Merkmal nicht übertragbarer Krankheiten ist, dass sie nichts Spektakuläres an sich haben. Dennoch sind sie für 85 Prozent der Gesundheitsprobleme in Westeuropa und den Vereinigten Staaten verantwortlich, ein Prozentsatz, an dem sich auch durch die Covid-Katastrophe nichts ändern dürfte (auch wenn die Auswirkungen übertragbarer Krankheiten dadurch vorübergehend zunehmen). Nicht übertragbare Krankheiten sind nicht mobil und doch sind auch hier Karten das beste Mittel zur Verdeutlichung der Mechanismen, die am Werk sind.

Zur besseren Verständlichkeit beziehen wir uns auf einen vereinfachten Rahmen, den das Groninger Kompetenz-Center Architektur, Städtebau und Gesundheit verwendet. Darin werden drei auf Gesundheit bezogene Domänen unterschieden: der physische Bereich (vor allem die Luftqualität in Innenräumen und im Freien), lebensstilbezogene Phänomene sowie alles, was in Verbindung mit Ökologie, Nachhaltigkeit und Kreislaufwirtschaft steht. Keiner dieser Bereiche ist ausschließlich räumlich, aber alle drei werden in hohem Maße von Architektur und Städtebau beeinflusst. Die Qualität der Außenluft ist abhängig von Industrie und Landwirtschaft und von der Art und Weise, wie diese in Städten und Landschaften verortet sind. Sie steht auch im Zusammenhang mit der Nutzung von Autos: Sofern diese nicht elektrisch betrieben werden, sind sie Verursacher von Feinstaub, dieser wirkt wiederum direkt auf das Wohnumfeld. Ökologie, Nachhaltigkeit und Kreislaufwirtschaft haben globale Auswirkungen. Dabei spielt es keine Rolle, wo genau der natürliche Lebensraum zerstört wird, letztendlich sind die Auswirkungen überall auf dem Planeten zu spüren. Die Bewältigung dieser Probleme erfordert jedoch lokale architektonische und urbane Lösungen. Durch die Gestaltung von Städten und Landschaften wird der Lebensstil in erheblichem Maße geprägt, die Auswirkung auf die Gesundheit der Bevölkerung hängt nicht zuletzt davon ab, welche räumlichen Möglichkeiten und Anregungen geschaffen werden. Diese können ausschlaggebend dafür sein, ob Menschen bereit sind, zu Fuß zu gehen oder mit dem Fahrrad zu fahren. Straßen und Plätze, die nicht ausschließlich vom Autoverkehr genutzt werden, unterstützen körperliche Bewegung und diese gilt als das wirksamste Mittel für ein längeres und gesünderes Leben. Zwischen den 1950er und 1980er Jahren wurden große Teile der Städte dem Auto geopfert – durch die Schaffung und Um-«Gestaltung» von Plätzen und Fußgängerzonen wird aktuell in vielen Städten versucht, diese Tendenz wieder umzukehren. Ein zunehmendes Problem der meist überalterten Gesellschaften ist die soziale Isolation. Sie führt ohne Umschweife in eine Katastrophe. Dörfer und Stadtteile ohne soziale Treffpunkte und andere sogenannte positive Ablenkungen erhöhen das Risiko der Einsamkeit. Der Zugang zu programmierbaren Grünflächen kann helfen – zum Beispiel können Gemeinschaftsgärten, Bauernmärkte, Spielplätze und vereinzelte Cafés dazu beitragen, genügend Menschen anzusprechen, um sie durch eine gut ausgelastete Benutzung auch sicher zu machen.

Die Forschung über gesunde Lebensorte oder «Healthy Cities» konzentriert sich fast ausschließlich auf Städte und oftmals werden dabei unterschiedliche Stadtviertel betrachtet und vergleichsweise beurteilt – dabei lässt sich erkennen, dass Nachkriegsviertel häufig schlechter dastehen als die Viertel, die zeitlich davor oder danach entstanden sind – und manchmal wird versucht, die Auswirkungen städtischer Interventionen zu bewerten, indem die Lebensumstände im betrachteten Gebiet vor und nach der Intervention verglichen werden. Was ist mit den Dörfern? Früher boten Landhäuser und Villenbauten am Land den Bewohner:innen der Stadt, die es sich leisten konnten, eine viel gesündere Umwelt als die Städte, aber nach der Einführung von Abwassersystemen und Versorgung mit frischem Wasser in den Städten verloren die Dörfer nach und nach ihre jahrhundertealten Gesundheitsvorteile. Heute sind sie oft sogar im Nachteil, denn Maßnahmen, die in den Städten zur Förderung der öffentlichen Gesundheit eingesetzt werden, sind auf dem Land nicht immer sinnvoll. Viele der Vorteile, die man sich von Maßnahmen im städtischen Kontext verspricht, hängen mit der räumlichen Verdichtung zusammen. In dicht besiedelten Gebieten ist die Nutzung des motorisierten Individualverkehrs in der Regel gering; Geschäfte, Restaurants und Kultureinrichtungen, die zu Fuß oder mit dem Fahrrad zu erreichen sind, laden dazu ein, das Haus zu verlassen. Wo ausreichend viele Menschen leben, werden Parks intensiver genutzt als in Vorstädten. Darüber hinaus werden Dörfer durch die von der Landwirtschaft verursachte Umweltverschmutzung (insbesondere durch CO_2-Emissionen) und in landschaftlich attraktiven Gebieten durch die Auswirkungen des Tourismus belastet. Auch scheint es schwieriger zu sein, effiziente Gesundheitsversorgungsnetzwerke mit Zugang zu allen Ebenen der Behandlung und Pflege einzuführen. Die Entfernung einiger Einrichtungen und eine meist aus Kostengründen geringe Frequenz der öffentlichen Verkehrsmittel zwingt Menschen am Land dazu, das Auto zu nutzen. Radfahren und zu Fuß irgendwohin zu gehen sind Aktivitäten, die man eher mit Städten als mit Dörfern verbindet. Spät, aber doch, sind nun auch die Dörfer als ein wichtiges Feld für die Gesundheitsforschung entdeckt worden. Ein besonders vielversprechender Ansatz ist die sogenannte «Geohealth»-Forschung, bei der mit dem Lebensstil zusammenhängende Phänomene (z. B. Rauchen, Verzehr von Süßigkeiten usw.) den Lebensgewohnheiten in Dörfern zugeordnet werden. In Verbindung mit dem Lifeline-Projekt der Universität Groningen führt dies mitunter zu verblüffenden Ergebnissen und zeigt auf, was für Dörfer charakteristisch zu sein scheint: Die Menschen leben dort oft schon seit Generationen, und das führt zu gesundheitsrelevanten Unterschieden in der Lebensweise benachbarter Dörfer.

30 Unabhängig von den unterschiedlichen Maßnahmen für gesunde Städte werden sich früher oder später einige größer Schwierigkeiten ergeben. Die Art und Weise, auf die viele europäische Länder die COVID-Krise zu bewältigen versuchten und versuchen, hat gezeigt, dass sie sich als Testfall für die Effizienz des Staates erwiesen hat und das in einer Zeit, in der sich der Übergang von einem demokratischen zu einem postdemokratischen politischen System abzeichnet. Damit ist ein anderer Aspekt dieser Krise sichtbar geworden, nämlich dass sie den Zustand der Politik und die Fähigkeit des Staates, bei ihrer Bekämpfung die Führungsrolle zu übernehmen, sowie die ideologischen Maßstäbe, die ihre Durchführbarkeit beeinflussen, offenlegt. Auch macht sie die Schwächung des öffentlichen Raums durch die sozialen Medien deutlich: Ein immer größer werdender Teil der Bevölkerung spaltet sich von der breiten Masse ab, um sich in einer eigenen «Medien»-Welt zu bewegen.

In den Niederlanden konnte man beobachten, dass der Staat blindlings alle Formen des Krisenmanagements an medizinische Fachkräfte delegierte, und zwar genau zu dem Zeitpunkt, als diese kaum noch etwas tun konnten. Nach Jahren, in denen sich der Staat immer weiter zurückgezogen hat und die freie Marktwirtschaft forciert wurde, gab es offenbar keine andere Möglichkeit. Medizinische Expert:innen sind jedoch notorisch schlecht für die Gestaltung räumlicher Interventionen gerüstet und das einzig Intelligente am niederländischen Lockdown war, dass die Bürger nicht in ihren eigenen vier Wänden eingesperrt wurden. Alles andere war äußerst ungeschickt und amateurhaft und sowohl aus Sicht der Verwaltung als auch aus wissenschaftlicher Perspektive war das Ergebnis beinahe ein vollkommenes Desaster. Die Journalist:innen und Kritiker:innen, die man noch in der Öffentlichkeit wahrnehmen konnte, verzichteten auf eine kritische Bewertung der Vorgänge. Warum gab es zum Beispiel in den Niederlanden so viel mehr Ansteckungen als in Deutschland, das Land, mit dem sie meist verglichen werden? Offenbar gab es die Angst, Verschwörungstheoretiker:innen und Anhänger:innen «alternativer Wahrheiten» anzustacheln, von denen sich die meisten in ihren jeweiligen Social-Media-Blasen organisieren. Wie viele Menschen dadurch vermeidbare gesundheitliche Probleme erlitten haben, werden wir wohl nie erfahren – in einer postdemokratischen Gesellschaft ist die Schaffung einer politisch vermarktbaren Position anscheinend wichtiger, als die Fakten zu klären. Folglich wären die Niederländer gut beraten, das Land zu verlassen, sobald die nächste Pandemie auftaucht … Offensichtlich ist also der aktuelle Umgang mit der COVID-Krise das genaue Gegenteil der Lehren, die man aus den Epidemien des 18. und 19. Jahrhunderts gezogen hat. Als die bereits erwähnte Epidemie Harlingen heimsuchte, übernahmen die Behörden die Führung – genau wie ihre italienischen Kollegen einhalb Jahrhunderte zuvor. Die Epidemien des 19. Jahrhunderts lösten eine unglaublich teure Kampagne zur Säuberung der Städte aus und auch hier übernahmen die Behörden

---

1   Jährlich sterben z.B. in Deutschland über 127.000 Menschen an den Folgen des Tabakkonsums. Dies sind ca. 13,3 % aller Todesfälle (Tabakatlas, 2020).

die Führung, obwohl sie dadurch gezwungen waren, die liberalen Dogmen jener Zeit zu ignorieren. Es bleibt abzuwarten, ob und inwieweit der Staat die Rolle zurückerobern wird, die einer demokratischen Staatsform gebührt. Die Krise des öffentlichen Gesundheitswesens im Zusammenhang mit der Überalterung der Gesellschaft, dem Klimawandel und einer nicht nachhaltigen Wirtschaft könnte die Trends der letzten Jahrzehnte umkehren.

Es gibt jedoch noch mehr Herausforderungen, die in Angriff genommen werden müssen. Die kurze Einführung in die räumliche Dimension der nicht übertragbaren Krankheiten zeigt, wie viele Disziplinen daran beteiligt sind. Nur wenn es diesen gelingt, ihre fachlichen und wissenschaftlichen Differenzen zu überwinden, wird es möglich sein, voranzukommen. Im Falle der Dörfer werden die Fachleute, die sich für eine kreislauforientierte und ökologisch tragfähige Agrarwirtschaft einsetzen, zwangsläufig eine dominierende Rolle einnehmen müssen, ebenso wie die Regionalplaner:innen, die sich mit der Erneuerung des ländlichen Raums befassen und häufig versuchen, die funktionalen Beziehungen zwischen den zentralen Städten und ihrem ländlichen Umfeld neu zu definieren. Der Trend zur längst überfälligen Energiewende wird auch spezifische Fachgebiete ins Spiel bringen. Die bei weitem schwierigste Lücke, die es zu schließen gilt, ist die zwischen Architektur und Städtebau auf der einen und Medizin auf der anderen Seite. Wenn sich räumliche Eingriffe auf die öffentliche Gesundheit auswirken können, werden Planer:innen benötigt, die damit umgehen können. Die gesundheitlichen Auswirkungen dieser Planungen müssen bewertet werden und nur Mediziner:innen sind in der Lage, dies zu tun. Die Nachweise, die Planer:innen für den positiven Einfluss ihrer Vorschläge auf die Gesundheit vorlegen, entsprechen jedoch nur selten jenen Kriterien, die Mediziner:innen als wissenschaftliche Belege ansehen. Umgekehrt entspricht das Wissen und das Verständnis, das Mediziner:innen von Stadtplanung haben, selten den professionellen Standards von Architekt:innen und Stadtplaner:innen.

Und so schließt dieser kurze Essay mit der Formulierung einer gewichtigen Herausforderung für die kommenden Jahre: Es bedarf großer Anstrengungen, um die Besonderheiten dessen zu entschlüsseln, was hier so eloquent als «Space Anatomy» bezeichnet wurde. Ein Teil dieser Anstrengung besteht darin, Allianzen zwischen allen beteiligten Disziplinen zu schmieden, und als erstes müsste die Mauer zwischen dem medizinischen Berufsstand und dem der Planer:innen demontiert werden. Nur wenn dies gelingt, wird es möglich sein, die optimale Wirkung von räumlichen Eingriffen, sei es in der Stadt oder auf dem Land, zu erzielen und die Behörden davon zu überzeugen, dass sie sich darauf vorbereiten sollten, in diesem Bereich, der in den nächsten Jahrzehnten zu einem der wichtigsten Politikfelder werden wird, die Führung zu übernehmen.

Henderson, John (2019). Florence under Siege: Surviving Plague in an Early Modern City. Yale.

Sinstra, Simon (1783). Geschiedkundig verslag van den ganschen loop der in 1779 te Harlingen geheerscht hebbende ziekten. Harlingen.

Tabakatlas (2020). Tabakatlas-Deutschland-2020–Auf-einen-Blick. https://www.dkfz.de/de/tabakkontrolle/download/Publikationen/sonstVeroeffentlichungen/Tabakatlas-Deutschland-2020_Auf-einen-Blick.pdf (14.12.2021)

3 Janina Kehr

32 **Spektakuläre Infrastruktur: Madrids Pandemie-Krankenhaus zwischen öffentlichem Spektakel und Spekulation**

Über den Neubau während COVID-19[1]

An einem frischen Herbsttag im Jahr 2019, unter dem tiefblauen Himmel Madrids, ging ich auf einen Morgenkaffee mit Ernesto, einem Arzt für Infektionskrankheiten, der in einem der größten öffentlichen Universitätskrankenhäuser Spaniens im Stadtzentrum arbeitet. Damals forschte ich zu den Auswirkungen der spanischen Sparpolitik auf das öffentliche Gesundheitswesen in Madrid. Bevor wir die Tore des Krankenhauses passierten, die auf eine belebte zweispurige Straße voller Busse, Taxis und Lieferwagen führen, kamen wir an einem großflächigen Schild im Krankenhausgarten vorbei, auf dem stand: «Wir bauen das Krankenhaus der Zukunft.»

Als ich Ernesto fragte, wer angesichts des Geldmangels im Madrider Gesundheitswesen für die Erweiterung des Krankenhauses zahlen würde, antwortete er trocken: «Die Regionalregierung zahlt für den Neubau, es sind öffentliche Gelder, die hier gut angelegt sind. Aber dann ist da noch die ganze Bauindustrie und es werden neue Arbeitsplätze geschaffen – das ist gute PR. Weißt du, dieser Neubau erlaubt es der Krankenhausleitung hochsymbolische Ankündigungen zu machen. Was sie nicht interessiert, sind die kleinen Dinge, das Alltägliche (el día a día).»

Schauplatzwechsel, neun Monate und eine globale Pandemie später

Kurz nach der ersten Welle der COVID-19-Pandemie, am 8. Juni 2020, verkündete die Präsidentin der Regionalregierung der Autonomen Gemeinschaft Madrid, Isabel Díaz Ayuso, den bevorstehenden Bau eines brandneuen «Notfall-Krankenhauses» (Hospital de Emergencias) zu Gesamtkosten von 50 Millionen Euro (vgl. Comunidad Madrid 2020), das die Einwohner:innen Madrids einfach «das Pandemie-Krankenhaus» nennen. Zu diesem Zeitpunkt hatte die COVID-19-Pandemie in Spanien fast eine halbe Million

Fälle und 30.000 Tote gefordert (vgl. European Centre for Disease Prevention and Control 2020). Madrid war damals das Epizentrum der Krankheit. Wenige Wochen später wurden 14 Firmen und vier Architekturbüros in einem wirtschaftlichen Notverfahren (vgl. Fernández; Hernández 2020) zum Bau des Krankenhauses unter Vertrag genommen, das die üblichen Regeln der öffentlichen Auftragsvergabe rechtlich außer Kraft setzte (vgl. Ezcurra 2020). Am 1. Dezember 2020 eröffnete Isabel Díaz Ayus offiziell das Krankenhaus, das den Namen «Hospital de Emergencias Enfermera Isabel Zendal» erhielt[2], obwohl es zu diesem Zeitpunkt noch weitgehend eine Baustelle war.

Während der Einweihungszeremonie verkündete die Präsidentin: «Heute ist ein Tag der Hoffnung und der Begeisterung. Madrid und Spanien können auf ein neues Zentrum von Weltklasse zählen, das in Spanien und Europa beispiellos ist»[3] (Threadgould 2020). Die 40.000 Quadratmeter des Krankenhauses sind mit etwa 1000 Betten ausgestattet, es gibt vier modulare Pavillons für Patientenbehandlung und ein zentrales Gerätelager. Die Regionalregierung versicherte, dass das Krankenhaus in der Lage sei, «auf jede Art von Epidemie/Pandemie in der Zukunft zu reagieren»[4] (Comunidad Madrid 2020).

Trotz dieser äußerst positiven Aussagen war das Krankenhaus von Beginn an stark umstritten. Während der Einweihung versammelten sich Gewerkschafter:innen, besorgte Bürger:innen und Gesundheitsexpert:innen vor den Toren des Krankenhauses, um gegen die Eröffnung zu protestieren. Man konnte die Demonstrant:innen skandieren hören: «No es un hospital, es un decorado» (Es ist kein Krankenhaus, ist ist eine Kulisse), und in Medieninterviews erklärten Bauarbeiter: «No es un hospital, es un solar» (Es ist kein Krankenhaus, es ist eine Baustelle) (vgl. Gimeno 2020). In meinem Beitrag betrachte ich das zur Zeit des Schreibens noch unfertige Krankenhaus als eine spekulative Infrastruktur, die einem politischen Spektakel der Pflege eine materielle Form gibt. Ich reflektiere somit darüber, was uns das über «Krankenhäuser als solche» lehren könnte; das heißt, über «Krankenhäuser, wie sie von verschiedenen Menschen und ihren Realitäten auf unterschiedliche Weise gebaut, bewohnt, gewartet, bearbeitet, transformiert, zerstört, geschlossen, imaginiert, erfahren oder beurteilt werden» (Chabrol; Kehr 2020).

Eine Krankenhausethnografie im Sinne einer ethnografischen Feldforschung konnte ich zum neuen Pandemie-Krankenhaus nicht durchführen, da ich aufgrund von COVID-19 nicht nach Spanien reisen durfte und das Krankenhaus ja erst im Bau war. Meine Argumentation stützt sich daher hauptsächlich auf schriftliche Quellen wie Medienberichte, Twitter-Konversationen oder Pressemitteilungen, die sich auf den Bauprozess beziehen, sowie auf regelmäßige E-Mails und Telefongespräche mit Gesundheitsmitarbeiter:innen in Madrid. Während mein Beitrag also über «klassische» Themen der Krankenhausethnografie schweigt, behandelt er politische, rechtliche und ökonomische Herausforderungen, die in spanischen medizinischen Einrichtungen bereits ethnografisch untersucht wurden. Solche Herausforderungen bestehen in Krankenhäusern auf der ganzen Welt, werden aber oft durch das Primat der alltäglichen Praktiken der medizinischen Behandlung und der Krankheitserfahrung überlagert. Durch die Fokussierung auf den Kontext des öffentlichen Gesundheitswesens, den Bauprozess und die vielfältige Kritik an einem im Entstehen begriffenen Krankenhaus, stelle ich diese latent vorhandenen, mehr-als-medizinischen Probleme explizit in den Vordergrund. Ich versuche dadurch zu zeigen, inwieweit Krankenhäuser nicht nur «affektive Infrastrukturen» (Street 2012) sind, in denen «alltägliche Medizin» (Kaufman 2015) stattfindet, sondern auch spektakuläre Infrastrukturen, in denen Spektakel der Fürsorge und Spekulation durch spezifische affektive, ökonomische und rechtliche Regime möglich gemacht werden. Innerhalb dieser Regime funktioniert moderne Medizin im heutigen Spanien.

Ein Spektakel der Fürsorge

Das Krankenhaus Isabel Zendal mit seiner lagerhausähnlichen Erscheinung ist dem «Hospital de IFEMA» nachempfunden, einem temporären Feldlazarett, das auf dem Höhepunkt der COVID-19-Pandemie Mitte März 2020 in einem der Pavillons auf dem Gelände der Internationalen Messe in Madrid eingerichtet wurde. Diese innerhalb weniger Tage geschaffene improvisierte Infrastruktur wurde in Medien- und Regierungsberichten oft als «Hospital de Milagro» (Wunderkrankenhaus) bezeichnet. Zwischen März und April 2020 wurden dort viertausend Patient:innen behandelt (vgl. expansion.com 2020). Für Regierungsvertreter:innen wurde das IFEMA-Krankenhaus zum Symbol für den Kampf der Gesellschaft und der Regierung gegen das Virus (vgl. twitter.com/120minutosTM 2020), nicht unähnlich den Behelfskrankenhäusern in Wuhan. Die ersten Bilder des IFEMA-Feldkrankenhauses waren in der Tat spektakulär: Hunderte von neuen Krankenhausbetten, die akribisch aufgereiht waren, Lagerräume mit Tausenden von Kisten mit persönlicher Schutzausrüstung, provisorische Krankenhauszimmer, die auf eine große Anzahl von Patient:innen warteten, um die zusammenbrechenden öffentlichen Krankenhäuser in Madrid zu entlasten (vgl. publico.es 2020). Diese Bilder waren ein starkes visuelles Symbol der Ordnung, materiellen Aufwertung und medizinischen Führung während der chaotischen Ungewissheiten einer sich entwickelnden Epidemie.

Das neue permanente Notfall-Krankenhaus solle nach Angaben der Madrider Regierung «den Erfolg von IFEMA» wiederholen. Es solle «flexibel» und «schnell erweiterbar» sein, «multifunktional, basierend auf sektorisierbaren Stationen, sodass nur die notwendigen Teile besetzt werden können» (Comunidad Madrid 2020). Ausgestattet mit den «fortschrittlichsten» medizinischen Technologien, wurde es als «Referenz-Zentrum» angepriesen, das in der Lage sei, «sich an jeden Funktionsplan anzupassen» (eldiario.es 2020). Nach seiner Fertigstellung solle es «50 Intensiv- und Intermediate-Care-Stationen, diagnostische Bildgebungsbereiche, ein Labor sowie einen Raum für Forschung, Ausbildung und Entwicklung und ein Zentrum für die Simulation neuer therapeutischer Lösungen für Pandemien» beherbergen (ebd.).

Aber während Bagger, Kräne und Bauarbeiter in kürzester Zeit neue Krankenhauswände errichteten, Betten aufstellten und die neuesten Computersysteme installierten, gibt es bis heute keinen soliden Beschäftigungsplan. Medienartikel haben berichtet, dass es mit «freiwilligem Personal» aus Madrids bestehenden öffentlichen Krankenhäusern und Primärversorgungszentren besetzt werden würde (lazaron.es 2020), aber die Berufsverbände lehnten dies weitgehend ab (vgl. Plaza Casares 2020). Stattdessen schwappte weiterhin eine Welle der Empörung durch die Gemeinschaft der Gesundheitsfachleute in der Region, von denen einige das Pandemie-Krankenhaus als unsinniges Projekt betrachten. Viele in Madrid sehen das neue Krankenhaus in der Tat als ein Bauwerk, das unnötig ist und zu viel Aufmerksamkeit erregt (vgl. Valdés 2020). Laut der überregionalen Zeitung *El Pais* verkörpert das Krankenhaus «eine klare Präferenz für Ziegelsteine» mit einer «Vorliebe für das Gebäude, die Betten, das, was man sehen und fühlen kann» (ebd.). Professionelle Organisationen wie ein unabhängiger Krankenpflegeverband, machten ähnliche Kommentare auf Twitter: «Es gibt zu viele Ziegelsteine und nicht genügend Fachkräfte (sobran ladrillos, faltan profesionales).»

Der Begriff Ziegelstein, Ladrillo auf Spanisch, ist seit langem ein Symbol für die spekulative Bauindustrie des Landes, die zur Immobilien- und Hypothekenkrise 2008 und der anschließenden Rezession in Spanien wesentlich beigetragen hat (Ravelli 2013). Es folgten strenge Sparmaßnahmen im Gesundheitswesen, die für die erhebliche Belastung des öffentlichen Gesundheitssystems in Madrid, so wie wir sie heute erleben, mitverantwortlich sind (Kehr 2019).

Nochmals auf den Punkt gebracht: Die Regionalregierung baute ein neues Krankenhaus ohne die Unterstützung von Gesundheitsfachkräften oder einen Beschäftigungsplan. Wie die lautstarke Kritik der Gesundheitsfachleute zeigt, scheint also das Ziel des Baus weder die Pandemiebekämpfung noch die medizinische Versorgung gewesen zu sein. Vielmehr hat die Regierung buchstäblich ein Versorgungsspektakel aus Ziegelsteinen errichtet, in dem «das Ziel nichts, die

Das Krankenhaus «Hospital de Emergencias Enfermera Isabel Zendal» in Madrid

Entwicklung alles ist», um die Worte von Guy Debord aus seinem Werk *Die Gesellschaft des Spektakels* (2005, 10) zu wiederholen. Durch den Bau dieses Notfall-Krankenhauses, durch die Zurschaustellung von Plänen, Kränen und der Baustelle, durch die Kommunikation über Betten und Beatmungsgeräte ist die Errichtung der neuen Krankenhaus-Infrastruktur zum Ziel an sich geworden. Es ist auch «ein Spiegelbild der herrschenden Wirtschaftsordnung» (ebd.) in Spanien, sein Gesundheitssystem eingeschlossen, wo politische Versorgungsversprechen teilweise auf ökonomischer Spekulation mit Ziegelsteinen beruhen. Insbesondere in Madrid zeigt sich auch, wie sehr Krankenhäuser mit Immobilienspekulation verwoben sind.

Zusätzlich machen Bauprojekte wie diese nationalistische Versorgungsversprechen, die eine langjährige krankenhauszentrierte Vision der Gesundheitsversorgung im Land aufrechterhalten (Perdiguero-Gil; Comelles 2019). Bereits in den 1960er Jahren materialisierten sich neue Sozialversicherungsgesetze im Bau von Krankenhäusern in Form von «Sanitäts-Städten» (cuidades sanitarias) durch Francisco Franco, den spanischen Diktator, der bis 1975 regierte. Dies geschah ab 1964 in allen größeren spanischen Städten (Pieltáin Álvarez-Arenas 2003, 78). Der Hospitalo-Zentrismus war dabei eine Facette eines technokratischen infrastrukturellen Bauprogramms im totalitären Spanien, das auch Staudämme und Autobahnen umfasste und bei dem Ingenieure und Architekten ein hohes Ansehen genossen (Camprubí 2014; Swyngedouw 2015). Solche Infrastrukturprojekte und ihre nationalistischen Gespenster tauchen in Madrids neuem Krankenhaus der Spekulation wieder auf. Bei einem Besuch auf der Baustelle im Oktober 2020 sagte Isabel Díaz Ayuso: «Dies ist ein spanisches Markenzeichen und zeigt, dass unsere Ingenieure und Architekten die besten

sind» (Comunidad Madrid 2020). Das Pandemie-Krankenhaus ist also, ähnlich wie zuvor IFEMA, nicht nur ein hochsymbolisches, souveränes Spektakel der Kontrolle in den Unwägbarkeiten einer globalen Pandemie, die tiefe Narben und ein umfassendes Gefühl der Hilflosigkeit im Leben vieler Spanier hinterlassen hat. Es ist auch ein Akt der politischen und wirtschaftlichen Spekulation mit der Sorge um die Nation. In dieser krankenhauszentrierten Übung, in der Spektakel und Spekulation aufeinandertreffen, gibt es wenig Raum für die Anerkennung der gewöhnlichen, alltäglichen Medizin, ihrer Schwierigkeiten und «kleinen Dinge», wie Ernesto sagen würde.

Alltägliche Medizin

Alltägliche medizinische Praxis in Madrid, sei es in öffentlichen Krankenhäusern oder in Einrichtungen der Primärversorgung, ist in der Tat viel weniger spektakulär als das neu gebaute Notfall-Krankenhaus. Normalerweise sind öffentliche Krankenhäuser und Grundversorgungszentren mit medizinischem Fachpersonal besetzt, das entweder verbeamtet ist oder, in zunehmendem Maße, aus öffentlich Angestellten mit befristeten Verträgen besteht. Spanien hat seit 1986, ein Jahrzehnt nach der demokratischen Wende, ein nationales öffentliches Gesundheitssystem, das steuerfinanziert ist und universellen Zugang zu Versorgung bietet. Die autonomen Gemeinschaften des Landes haben ein hohes Maß an Souveränität bei der Organisation und Finanzierung des Gesundheitswesens von medizinischem Personal bis zur Infrastruktur. In der Autonomen Gemeinschaft Madrid ist das öffentliche Gesundheitssystem eines der am stärksten ausgelaugten des Landes: Krankenhäuser und Primärversorgungszentren stehen seit Ausbruch der Pandemie am Rande des Zusammenbruchs, Krankenhausstationen sind überbelegt, das Personal erschöpft und medizinisches Material teils spärlich vorhanden. Derzeit betreuen viele Hausärzte 40 bis 80 Patienten pro Tag; in den Krankenhäusern wird krankgeschriebenes oder im Urlaub befindliches Personal in der Regel nicht ersetzt; die Krankenhäuser – ihre Fassaden, Rohre und Aufzüge – bröckeln buchstäblich.

Diese Krise der Instandhaltung, der Ressourcen und des Personals ist allerdings wahrlich nicht neu. Sie dauert bereits seit mindestens einem Jahrzehnt an und ist unter anderem auf die Umsetzung von strikten Sparmaßnahmen zurückzuführen, die dazu geführt haben, dass die Krankenhäuser in Bezug auf Betten und Personal an einer strukturellen Grenze angelangt sind, die Primärversorgungszentren stark unterfinanziert sind und die Fachkräfte sich in zunehmend prekären Situationen befinden (San José 2020). In den letzten zehn Jahren wurden in Madrid fast 3000 Krankenhausbetten abgebaut, das ist dreimal so viel wie die 1000 neuen Betten, die mit dem Notfall-Krankenhaus versprochen wurden, gleichzeitig gibt es 3200 Beschäftigte im Gesundheitswesen weniger als noch vor zehn Jahren (Asuar 2020). Bea, eine befreundete medizinanthropologische Kollegin und in der Primärversorgung tätige Ärztin, berichtete mir kürzlich von ihrer Frustration über den medizinischen Alltag: «Eines der Probleme ist, dass die medizinische Grundversorgung zusammenbricht, ohne dass sich jemand darum kümmert. [...] Die Arbeitsbelastung ist unerträglich.» Seit unserem E-Mail-Austausch hat sie ihre Arbeit in der Primärversorgung zeitweilig niedergelegt, wie auch andere in der kleinen, aber aktiven #YoRenuncio (Ich kündige)-Bewegung.[5]

Für diejenigen, die mit diesem wenig glamourösen medizinischen «Alltag», wie Ernesto es nannte, vertraut sind, dem «niemand Aufmerksamkeit schenkt», wie Bea sagte, ist die Investition der Regierung in ein neues Krankenhaus

nichts als heiße Luft (vender humo), was bedeutet, ein Versprechen von vornherein nicht erfüllen zu wollen.

Den Ausdruck hörte ich während der Feldforschung oft, wenn ich mit Gesundheitsfachleuten oder Patient:innen über versprochene infrastrukturelle Investitionen im Gesundheitsbereich sprach, die dann oft nicht realisiert wurden; zum Beispiel als es um den geplanten Totalumbau des berühmten spanischen Krankenhauses «La Paz» für 350 Millionen Euro im Jahr 2018 ging (vgl. Comunidad Madrid 2020). «Heiße Luft reden» beschreibt hier leere Versprechungen, durch die die Regierung Investitionen in spektakuläre Infrastrukturen wie Krankenhäuser in Aussicht stellt und dabei gleichzeitig die alltäglichen Rahmenbedingungen medizinischer Praxis verschleiert. In diesem Sinne sind Spektakel der Versorgung ein kommunikatives Spiel mit den Fürsorgeerwartungen von Menschen und aktuell mit der weitverbreiteten Angst vor der Pandemie. Solche Spektakel vernebeln ganz sprichwörtlich den seit mindestens einem Jahrzehnt andauernden stetigen Abbau des öffentlichen Gesundheitswesens und die immer straffere Verwaltung von Personal und Instandhaltung. Der Ausdruck «vender humo» drückt diese doppelte Bewegung gut aus: das Verschleiern der materiellen und alltäglichen Schwierigkeiten medizinischer Praxis und das gleichzeitige Verkaufen von Versorgungsversprechen durch spektakuläre Infrastrukturen.

Spekulation

Lassen Sie mich noch ein paar Worte über den Standort des neuen Krankenhauses sagen, der nicht zufällig ist. Es befindet sich im äußersten Norden der Stadt, in Valdebebas. Dieses große Stadtentwicklungsgebiet ist durchzogen von Autobahnen und umschließt den internationalen

Flughafen Adolfo Suárez Madrid-Barajas sowie die Ciudad Real Madrid, das Trainingsgelände des weltberühmten Fußballclubs. Der Bau des Krankenhauses ist ein fester Bestandteil des Stadtentwicklungsprojekts dieses Geschäfts- und Dienstleistungsgebiets. Erst kürzlich erklärte Isabel Díaz Ayuso, dass sehr bald «alle Einwohner Madrids und alle Spanier ein neues öffentliches Krankenhaus neben einem Flughafen in einer unvergleichlichen Lage genießen können» (Comunidad Madrid 2020).

38 Formen der kurzfristigen Vergabe von Aufträgen im Gesundheitswesen, sei es der Bau von Krankenhäusern oder die Bereitstellung von persönlicher Schutzausrüstung, wurden im pandemischen Madrid durch das königliche Pandemie-Notfallgesetz und, was den Krankenhausbau betrifft, durch die Sonderklauseln des regionalen Bodengesetzes von 2001 über «außergewöhnliches öffentliches Interesse» ermöglicht. Letzteres erlaubte es der Regierung, die Genehmigung zum Bau des Krankenhauses auf kommunalem Land in Valdebebas durch ein verkürztes Grundstücksverfahren zu erhalten, wie es in Artikel 161 des Land-Gesetzes (Ley de Suelo) (vgl. hospitecnia.com 2020) vorgesehen ist. Auch wurden angesichts des COVID-19-Notstandes, wie im oben erwähnten neuen Königlichen Dekret 7/2020 vom 12. März festgelegt, Vertragsentscheidungen für Baufirmen beschleunigt: Die Ausschreibung für das Krankenhausprojekt war viel schneller, als es bei öffentlichen Auftragsvergaben üblich ist, und war in Bezug auf Transparenz und Unternehmensverantwortung stark eingeschränkt, da die Verträge «von Hand» (Valdés; Viejo 2020) – also durch Einzelentscheidungen – vergeben wurden. Ebenso wurden Zahlungen aus öffentlichen Geldern im Voraus an private Unternehmen geleistet, also noch vor der Ausführung der vereinbarten Aufträge.[6]

Dieses rechtliche Regime ermöglichte es also, öffentliche Gelder für das Notfall-Krankenhaus schnell und ohne öffentliche oder fachliche Abwägung auszugeben. Rund 100 Millionen Euro oder mehr, also mindestens das Doppelte der zu Baubeginn angekündigten Summe (20minutos.es 2020), flossen so innerhalb weniger Wochen an private Firmen. All dies geschah, während die medizinische Grundversorgung in der Region allmählich zusammenbrach, während Krankenhausstationen, die in den 2000er Jahren gebaut worden waren, geschlossen blieben (siehe unten) und während der regionale öffentliche Gesundheitsdienst innerhalb von zehn Jahren 3000 Beschäftigte im Gesundheitswesen verlor. Die meisten der vierzehn Firmen, die mit dem Bau des Krankenhauses beauftragt wurden, sind große spanische Unternehmen, die weltweit operieren, wie Ferrovial Servicios, Dragados und Sacyr Infraestructuras, um nur drei der größten zu nennen, die an der Börse notiert sind. Im Gegensatz zu kleineren Firmen konnten sie aufgrund ihrer großen Reserven an Maschinen, Materialien und sofort einsetzbaren Arbeitskräften schnell Angebote abgeben. Außerdem waren alle Firmen bereits im öffentlichen Gesundheitswesen in Madrid tätig. Ferrovial Servicios ist für die Krankenhausreinigung einiger der großen öffentlichen Krankenhäuser Madrids zuständig, die während der Pandemie im Mittelpunkt standen, wie La Paz und 12 de Octubre (elboletin.com 2019). Dragados, eine Firma im Besitz des Präsidenten von Real Madrid Florentino Pérez, hat das neue Flughafenterminal 4 in der Nähe gebaut. Die Firma errichtete auch Madrids forensisches Institut, allgemein bekannt als «The Donut», das während der ersten Welle der Pandemie als Leichenschauhaus für Hunderte von Toten genutzt wurde und um das herum das neue Krankenhaus gebaut wird. Sacyr Infraestructuras war in den 2000er Jahren (abc.es 2004),

Das Krankenhaus ist benannt nach der spanischen Krankenschwester Isabel Zendal, die durch ihre Teilnahme an der Balmis-Expedition von 1803-06 bekannt wurde, mit der die Pockenimpfung in Südamerika und Asien eingeführt wurde.

Nachdem das Krankenhaus nach einer Bauzeit von hundert Tagen im Dezember 2020 eröffnet worden war, beherbergte es bereits wenige Wochen später die meisten COVID-Patient:innen in Spanien.

Spektakuläre Infrastruktur

in den Jahren vor der Finanzkrise, am Bau der zwölf Krankenhäuser in öffentlich-privater Partnerschaft beteiligt und stellte während des Höhepunkts der Pandemie im März 2020 schnell und zu hohen Kosten Intensivbetten für die ungenutzten Bibliotheksbereiche des öffentlichen Krankenhauses, in dem Ernesto arbeitet, bereit.[7]

Spektakuläre Infrastruktur

Neue Krankenhäuser sind die paradigmatischen Infrastrukturen einer spekulativen Gesundheitsökonomie, die durch einen doppelten Wertemarkt funktioniert. Fürsorge wird in öffentlichen Spektakeln performiert, indem teure neue Infrastruktur mit öffentlichen Investitionen gebaut wird, während die Instandhaltung sowie alltägliche Medizin durch einen Mangel an Personal und Geldmitteln strukturell unterfinanziert bleiben. In Spanien hängen solch öffentliche Investitionen in spektakuläre Infrastrukturen stark von der Immobilienentwicklung ab, die selbst eine Form kapitalistischer Macht ist. David Harvey hat gezeigt, dass «das Kommando über den Raum [...] immer eine entscheidende Form sozialer Macht» darstellt, die «sowohl expansiv (die Macht zu tun und zu schaffen) als auch zwanghaft (die Macht zu verweigern, zu verhindern und, wenn nötig, zu zerstören) ist. Aber der Effekt ist eine Umverteilung des Reichtums und eine Umleitung der Kapitalströme zugunsten der imperialistischen oder hegemonialen Macht auf Kosten aller anderen.» (David Harvey zit. in Korcheck 2015, 100) Mit dem Notfall-Krankenhaus baute die Regierung eine spektakuläre Infrastruktur und schuf damit ein Spektakel der Versorgung. Gleichzeitig werden ausreichend Mittel für die öffentliche Gesundheitsversorgung immer wieder verweigert und die alltägliche Medizin – oder besser gesagt ihre unspektakulären Facetten –

damit graduell ruiniert. Im pandemischen Madrid war die öffentliche Gesundheitsversorgung von einem anstrengenden Alltag für Patient:innen, Familien und Gesundheitspersonal geprägt. Sie materialisiert sich aber auch im Modus des «Katastrophenkapitalismus» (Klein 2007), bei dem immer mehr öffentliche Gelder in private Hände übergehen, vor allem in Krisenzeiten. Öffentlich finanzierte Krankenhäuser sind hier ambivalent: Sie sind spekulative Infrastrukturen, gerade weil sie spektakulär sind. Wie an den meisten anderen Orten der Welt sind Krankenhäuser die Aushängeschilder der modernen Medizin; sie sind «affektive Infrastrukturen» (Street 2012), die den Menschen sehr viel bedeuten. Krankenhäuser leisten in der Tat das, was viele Spanier mit Stolz als spektakuläre Arbeit bezeichnen. Aber das Spektakuläre zeigt sich in mehr. Krankenhäuser eignen sich, im Debord'schen Sinn, als Orte politischen Spektakels viel mehr als die anderen Bausteine der Medizin, wie etwa die Primärversorgung. «In Krankenhäusern steckt viel Geld, auch weil sie wahltaktisch wichtig sind», sagte mir eine meiner Gesprächspartnerinnen, eine Krankenhausärztin und Lokalpolitikerin, während der Feldforschung 2018. «Es gibt Dinge, die lassen sich verkaufen, und Dinge, die lassen sich eben nicht verkaufen», fuhr sie fort. «Also die Dinge, die sich verkaufen lassen, sind diejenigen, die etwas mit Krankenhäusern zu tun haben. Einige von ihnen sind in der Tat beachtlich: ein Kind, das organtransplantiert wurde und überlebt hat, zum Beispiel.» In diesem Sinne sind Krankenhäuser spektakuläre Infrastrukturen: Sie eröffnen die spektakulären Facetten der modernen Biomedizin und damit profitable Möglichkeiten für öffentliche Spektakel der Fürsorge. Diese Ko-Präsenz von spektakulärer Arbeit und öffentlichem Spektakel macht Krankenhäuser zu zentralen Orten ökonomischer Spekulation.

Besonders in Spanien sind die öffentlichen Krankenhäuser jene Orte innerhalb des bröckelnden nationalen Gesundheitssystems, in denen medizinische Versorgung ebenso zum Alltag gehört wie Spekulation und Kapitalakkumulation, die ökonomisch, politisch und historisch tief verankert sind. Einige Krankenhausprojekte sind hier fast mit den tausenden von privaten Wohnbauprojekten vergleichbar, die seit dem Platzen der Immobilienblase in Spanien 2008 in Trümmern liegen (Korcheck 2015). Für viele Fachleute des Gesundheitswesens in Madrid beschwört die Errichtung des neuen Notfall-Krankenhauses Gespenster der 2000er Jahre herauf, als zwölf Krankenhäuser als öffentlich-private Partnerschaften errichtet wurden. Manche davon sind bis heute personell unterbesetzt, in anderen stehen ganze Trakte leer und die Versorgungsversprechen wurden letztendlich nicht eingehalten.

In neue öffentliche Krankenhäuser zu investieren ist zweifelsohne wichtig. Sie haben eine zentrale Versorgungsfunktion in modernen Gesellschaften, die die meisten Menschen nicht missen möchten. Aber Krankenhäuser sind auch Objekte des politischen Spektakels und der ökonomischen Spekulation, ein Aspekt, der nicht aus ihnen herausgeschrieben werden kann. Krankenhäuser stehen nicht außerhalb von Kapitalismus und spekulativer Finanzwirtschaft, selbst wenn sie öffentlich finanziert werden. Krankenhäuser sind damit einer der ambivalenten Knotenpunkte des Kapitalismus, an denen sich Kapitalakkumulation und unterschiedliche ökonomische und soziale Werte kreuzen. Das schließt wesentliche Formen der medizinischen Versorgung nicht aus, sondern zeigt, in welchem Ausmaß Krankenhäuser spektakuläre Infrastrukturen sind, die sowohl in medizinischer als auch in monetärer, politischer und affektiver Hinsicht mehrfach bedeutsam und wertvoll sind.

1   Dieser Artikel erschien zuerst auf somatosphere als Teil der «The Hospital Multiple» Serie. Somatosphere (2021). The Hospital Multiple http://somatosphere.net/series/hospital-multiple/ (14.01.22)

2   Das Krankenhaus ist nach der Gesundheitspflegerin Isabel Zendal benannt, die 1803 als erste Frau eine Pockenimpfungsexpedition in den spanischen Überseekolonien begleitet hat. Bei dieser Expedition wurden Kinder als menschliche Gefäße für den Transport des Pocken-Lebendimpfstoffs verwendet. Für einen historischen Bericht siehe Mark und Rigau-Pérez 2009.

3   Übers. d. Autorin aus dem Englischen

4   Übers. d. Autorin aus dem Englischen

5   Siehe ihren Twitter-Feed vom 24. Oktober 2020 zu den Gründen für ihren Ausstieg: https://twitter.com/bearagonm/status/1319928792656338946

6   Eine Kritik an den Verfahren zur Vergabe von Aufträgen in Notfällen findet sich unter https://hayderecho.expansion.com/2020/05/19/el-mal-uso-y-los-abusos-en-la-contratacion-de-emergencia-para-salir-corriendo-y-no-parar/

7   http://www.sacyr.com/es_en/Channel/News-Channel/news/featuresnews/2020/Comunicacion/20200420_Acciones%20COVID.aspx

Ich danke Tomás Sanchez Criado und Fanny Chabrol für Kommentare zu früheren Versionen dieses Textes sowie Miguel Salas Capapey für weiterführende Gespräche und die Fotos des noch unfertigen Krankenhauses, die er großzügig für diesen Beitrag aufgenommen hat. Ebenfalls ein herzliches Dankeschön an die Herausgeberinnen dieses Buches für die Übersetzung des Textes aus dem Englischen.

abc.es (2004). Aguirre anuncia la construcción de ocho hospitales en la Comunidad de Madrid. https://www.abc.es/espana/madrid/abci-aguirre-anuncia-construccion-ocho-hospitales-comunidad-madrid-200403220300-962582383087_noticia.html?ref=https:%2F%2Fwww.google.com%2F (17.01.2022)

Asuar, Beatriz (2020). Los Gobiernos del PP han cerrado una de cada cinco camas de los hospitales madrileños. https://www.publico.es/sociedad/comunidad-madrid-falta-trabajadores-camas-hospitales-madrilenos-crecen-listas-espera.html (16.01.2022)

Camprubí, Lino (2014). Engineers and the Making of the Francoist Regime. Cambridge.

Carabanchel (2020). Un «hospital» sin sanitarios, sin camas, sin quirófanos, sin pacientes, que sigue «el modelo carcelario» (Vídeos). https://carabanchel.net/un-hospital-sin-sanitarios-sin-camas-sin-quirofanos-sin-pacientes-que-sigue-el-modelo-carcelario-videos/ (14.01.2022)

Chabrol, Fanny; Kehr, Janina (2020): The Hospital Multiple: Introduction. Somatosphere (Blog). http://somatosphere.net/2020/hospital-multiple-introduction.html/

Comunidad Madrid (2020). Díaz Ayuso anuncia que el Hospital de Emergencias de la Comunidad de Madrid estará en Valdebebas. https://www.comunidad.madrid/noticias/2020/06/08/diaz-ayuso-anuncia-hospital-emergencias-comunidad-madrid-estara-valdebebas (14.12.2022)

Comunidad Madrid (2020). El nuevo Hospital de Emergencias Enfermera Isabel Zendal ya alcanza el 90% de su construcción. https://www.comunidad.madrid/noticias/2020/10/23/nuevo-hospital-emergencias-enfermera-isabel-zendal-ya-alcanza-90-su-construccion (16.01.2022)

Comunidad Madrid (2020). Nuevo Hospital La Paz. https://www.comunidad.madrid/hospital/lapaz/ciudadanos/diseno-nuevo-hospital-paz(16.01.2022)

Debord, Guy (2005). The Society of the Spectacle. Übers. Ken Knabb, London.

elboletin.com (2019). Ferrovial se hace con la limpieza de seis hospitales de Madrid tras ‚tirar' los precios. https://www.elboletin.com/noticia/171036/sanidad/ferrovial-se-hace-con-la-limpieza-de-seis-hospitales-de-madrid-tras-tirar-los-precios.html (17.01.2022)

eldiario.es (2020). Avanzan las obras del nuevo hospital de emergencias de la Comunidad de Madrid. https://www.eldiario.es/sociedad/avanzan-las-obras-del-nuevo-hospital-de-emergencias-de-la-comunidad-de-madrid_1_6088244.html (16.01.2022)

European Centre for Disease Prevention and Control (2020). Situation updates on COVID-19. https://www.ecdc.europa.eu/en/cases-2019-ncov-eueea (07.09.2020)

expansion.com (2020). Cierra hoy el hospital Covid de Ifema, el «milagro» que atendió a 4.000 pacientes y alivió la red sanitaria. https://www.expansion.com/sociedad/2020/05/01/5eabd07ee5fdeacf758b45ab.html (16.01.2022)

Ezcurra, Jose Luis Villar (2020). El mal uso y los abusos en la contratación de emergencia: para salir corriendo y no parar. https://hayderecho.expansion.com/2020/05/19/el-mal-uso-y-los-abusos-en-la-contratacion-de-emergencia-para-salir-corriendo-y-no-parar/ (14.01.2022)

Fernández, Juanma; Hernández, Clara (2020). Las 14 empresas que van a edificar el hospital de Emergencias de Valdebebas. https://www.redaccionmedica.com/autonomias/madrid/las-empresas-construir-hospital-emergencias-madrid-7260 (14.01.2022)

Gimeno, Jesús Santos (2020). https://twitter.com/jesussantosalc/status/1333686329104871425?s=20 (14.01.2022)

hospitecnia.com (2020). Nuevo Hospital de Emergencias de la Comunidad de Madrid. https://hospitecnia.com/noticias/nuevo-hospital-emergencias-comunidad-madrid/ (17.01.2021)

Kaufman, Sharon R. (2015). Ordinary Medicine: Extraordinary Treatments, Longer Lives, and Where to Draw the Line. Durham, NC.

Kehr, Janina (2019). Se plaindre des soins dans l'Espagne de l'austérité. Mouvements 98 (2), S. 32–42.

Klein, Naomi (2007). The Shock Doctrine: The Rise of Disaster Capitalism. Toronto.

Korcheck, Kathy (2015). Speculative Ruins: Photographic Interrogations of the Spanish Economic Crisis. Arizona Journal of Hispanic Cultural Studies 19, S. 91–110.

lazaron.es (2020). El primer hospital de pandemias arrancará en noviembre con personal voluntario. https://www.larazon.es/salud/20200921/x32kzxzzkfg5dbt365o7tqpp7y.html (16.01.2022)

Mark, Catherine; Rigau-Pérez José G. (2009). The World's First Immunization Campaign: The Spanish Smallpox Vaccine Expedition, 1803–1813. Bulletin of the History of Medicine 83 (1), S. 63–94. https://doi.org/10.1353/bhm.0.0173

42

Perdiguero-Gil, Enrique; Josep Comelles (2019). The Defence of Health: The Debates on Health Reform in 1970s Spain. Dynamis. Granada, Spain, 39 (March), S. 45–72. https://doi.org/10.30827/dynamis.v39i1.8666

Pieltáin Álvarez-Arenas, Alberto (2003). Los hospitales de Franco: la versión autóctona de una arquitectura moderna. Phd, E.T.S. Arquitectura (UPM). Barcelona, Cataluña, España. http://oa.upm.es/4331/

Plaza Casares, Sara (2020). Los sindicatos, contra el nuevo hospital de Ayuso: Puede ser la tumba del SERMAS. https://www.elsaltodiario.com/sanidad-publica/sindicatos-nuevo-hospital-ayuso-valdebebas-tumba-sermas (16.01.2022)

público.es (2020). Cornavirus. Ifema, de recinto ferial a hospital de campaña en cuestión de días. https://www.publico.es/photonews/ifema-feria-hospital-campana-cuestion.html (16.01.2022)

Ravelli, Quentin (2013). Le charme du ladrillo: une histoire de briques au cœur de la crise espagnole. Vacarme 63, S. 142–61. https://doi.org/10.3917/vaca.063.0142

San José, Carmen (2020). Seis gráficas para entender diez años de privatizaciones y recortes en la sanidad madrileña. https://www.elsaltodiario.com/sanidad-publica/graficos-diez-anos-privatizaciones-recortes-comunidad-madrid (17.01.2022)

Street, Alice (2012): Affective Infrastructure: Hospital Landscapes of Hope and Failure. Space and Culture 15 (1), S. 44–56. https://doi.org/10.1177/1206331211426061

Swyngedouw, Erik (2015). Liquid Power: Contested Hydro-Modernities in Twentieth-Century Spain. Cambridge.

Threadgould, Jake (2020). Madrid officials unveil pandemic hospital, opponents claim political stunt. https://www.euractiv.com/section/coronavirus/news/madrid-officials-unveil-pandemic-hospital-opponents-claim-political-stunt/ (14.02.2022)

twitter.com/120minutosTM (2020). «El hospital de ifema es un símbolo de esperanza para todos los madrileños. Un símbolo de que la sociedad madrileña iba a plantar batalla al coronavirus». https://twitter.com/120minutosTM/status/1256167712952377344?ref_src=twsrc%5Etfw%7Ctwcamp%5Etweetembed%7Ctwterm%5E1256167712952377344%7Ctwgr%5Eshare_3&ref_url=http%3A%2F%2Fwww.telemadrid.es%2Fprogramas%2F120-minutos%2FCierra-hospital-Ifema-milagro-pacientes-0-2227577223–20200501113720.html (14.01.2022)

Valdés, Isabel; Viejo, Manuel (2020). La otra cara del nuevo hospital de pandemias de Ayuso. https://elpais.com/espana/madrid/2020-07-07/la-otra-cara-del-nuevo-hospital-de-pandemias-de-ayuso.html (17.01.2022)

Valdés, Isabel (2020). Un hospital para pandemias más mediático que necesario. https://elpais.com/espana/madrid/2020-06-12/un-hospital-para-pandemias-mas-mediatico-que-necesario.html (16.01.2022)

20minutos.es (2020). El hospital de pandemias de Madrid costará el doble de lo presupuestado tras ampliar su superficie. https://www.20minutos.es/noticia/4445407/0/el-hospital-de-pandemias-de-madrid-costara-el-doble-de-lo-presupuestado-tras-ampliar-su-superficie/ (17.01.2022)

43

2

Gespräche

Die folgenden «Gespräche» geben den vielseitigen Austausch unterschiedlicher Personen zur Gesundheitspraxis vor dem Hintergrund diverser Erfahrungen, Disziplinen und Ressorts wieder. Die Gespräche nehmen auf aktuelle Entwicklungen zu Gesundheit, Pflege und Versorgung Bezug.

Judith M. Lehner

Same same but different? Wohnen im Heim und Pflege in der Wohnung. Neue Pflegekonzepte und ihre Typologien

Die Organisation der wohnungsbezogenen Pflege in städtischen Quartieren und im ländlichen Raum sowie der Pflege in institutionellen Einrichtungen ist eine drängende gesellschaftliche Herausforderung. Die Notwendigkeit, Gesundheits- und soziale Infrastrukturen an der Schnittstelle von deren Planung, Architektur und Sorge-Praktiken neu zu denken, erfordert zunächst eine transdisziplinäre Vernetzung, die weit über Diskussionen zu Gebäudetypologien hinausgeht.

Was bedeutet Alter und Altern für den Gestaltungsprozess von gebauter Umwelt? In Planung und Architektur werden Fragen nach verschiedenen Perspektiven zum Alter und zum Prozess des Alterns oftmals nur unzureichend gestellt. Typologien von sozialen Infrastrukturen wie Alten- und Pflegeheime, Geriatriezentren oder barrierefreie Wohnanlagen für betreutes Wohnen orientieren sich vielfach an funktionalen oder chronologischen Alterszuschreibungen. Der demografische Wandel und damit einhergehend auch eine höhere Lebenserwartung der Menschen führen u.a. dazu, dass Lebensentwürfe im Alter ausdifferenzierter und vielfältiger sichtbar sind. Daraus ergeben sich für die Planung wesentliche unterschiedliche Bedürfnislagen, die es zu berücksichtigen gilt. In der Planungspraxis fokussieren Akteur:innen oftmals isoliert auf die barrierefreie, alter(n)sgerechte Gestaltung eines Segments des Wohnumfeldes – vielfach am Defizit der Bewohner:innen orientiert – und vergessen, die Schnittstellen zwischen öffentlichem Raum, privatem Wohnraum und sozialer Infrastruktur als Quartier adäquat in den Blick zu nehmen (Lehner/Gabauer 2020). Wo Akteur:innen der Planung und Architektur der Forderung nach alter(n)sgerechten Städten und Regionen ausgesetzt sind, können sowohl Erkenntnisse der Alter(n)sforschung als auch Wissensformen älterer Menschen, die bereits Projekte initiieren und die Verhältnisse vor Ort kennen, Möglichkeiten für eine Perspektivenerweiterung und schlussendlich transdisziplinäre Herangehensweisen zur Thematik aufzeigen (ebd.).

Während in Planung und Architektur oftmals ein chronologisches Alter als Orientierung für die Entwicklung von Lösungs- und Gestaltungsansätzen herangezogen wird, arbeitet die aktuelle Alter(n)sforschung mit verschiedenen Altersbegriffen. Alter(n) wird hier als körperlicher Prozess und Zustand beschrieben, als entwicklungspsychologischer Vorgang, als soziale Konstruktion oder auch als kulturelles Konstrukt (vgl. Hülsen-Esch et al. 2013, 18). Wesentlich ist die Sichtweise des Alterns als Prozess. Christiane Feuerstein und Franziska Leeb (2015) unterscheiden mit dem Begriff «Altern» das individuelle Altern einer Person als ein biologisch-physiologisches, überall in der Natur vorkommendes Lebensprinzip und den Begriff «Alter» als eine durch soziale Arrangements hergestellte und von gesellschaftlichen Vorstellungen geprägte Lebensphase. Eine notwendige

Unterscheidung zwischen den vielfältigen Bedürfnissen des Alter(n)s ergibt sich somit nicht nur aufgrund eines chronologischen Alters, denn Unterschiede entstehen auch innerhalb derselben Altersgruppe in Bezug auf körperliche und geistige Möglichkeiten (ebd.). Diese Vielfältigkeit des Alter(n)s verstärkt sich bzw. ist nur in Beziehung mit anderen strukturellen Merkmalen wie Geschlecht, Ethnizität, soziale Klasse, Sexualität oder Religion (Stichwort: Intersektion) wirksam (vgl. Enßle/Helbrecht 2018).

In diesem Zusammenhang erscheint es wesentlich, Fragen zu Machtbeziehungen, Ungleichheit und sozialer Gerechtigkeit im Rahmen der Vielfältigkeit rund um den Alter(n)sprozess zu reflektieren. Wie sehen Handlungs- und Entscheidungsspielräume bzw. Teilhabe von welchen Akteur:innen im Entstehungsprozess sowie im Gebrauch von Gesundheits- und sozialen Infrastrukturen und alter(n)sgerechten Wohnräumen aus? Und welche Wissensbestände fließen in die Planungs- und Bauprozesse ein bzw. werden als «wertvoll» anerkannt? Feministische Perspektiven beziehen solche Fragen in den Diskurs um alter(n)sgerechtes Wohnen mit ein. So versteht Joan Tronto (2015) Sorge- bzw. Pflege-Praktiken (engl. care) nicht nur reduziert auf die Empfänger:innen und (Dienst)leister:innen. Viel eher erhalten und leisten wir alle Praktiken der Sorge und Pflege in verschiedenen Phasen unseres Lebens (ebd.) jenseits des Gesundheits-, Kinder- und Altenbetreuungssektors.

Diese Sichtweise eröffnet den Blick auf innovative Projekte alter(n)sgerechten Wohnens und deren sorgetragenden Initiator:innen jenseits von architektonischen Typologien. Anhand solcher Projekte und ihrer baulichen Umsetzung werden nicht nur die komplexen Verflechtungen von Sorge-Praktiken sichtbar, sondern auch die dynamischen Wechselbeziehungen zwischen Alltagspraktiken von älteren Menschen und der gebauten Umwelt. Der materielle Raum kann dabei als vielversprechender Ausgangspunkt für die «analytische Erkundung der vielfachen Verflechtungen von Alter(n)» (Enßle/Helbrecht 2018, 228) dienen – wie allgemein in diesem Buch anhand der Analysen im Katalogteil sichtbar.

Im Rahmen der Space Anatomy Lunch-Talk-Reihe wurden im Talk *Same same but different?* unterschiedliche Perspektiven versammelt, um anhand von lokalen und spezifischen alter(n)sgerechten Wohnformen (Pflegeheime, Geriatriezentren, betreubares Wohnen, Senior:innen-WGs) Themen und Fragestellungen aufzuzeigen, die wesentliche Ausgangspunkte darstellen, um zukünftig Lösungsansätze für alter(n)sgerechtes Wohnen entwickeln und fördern zu können. Ziel des Talks war es, Schnittstellen zwischen der planerischen Praxis, den Institutionen und der Alltagspraxis rund um das Thema Alter(n) und Infrastrukturen zu beleuchten.

48

Die diskutierten Fragen bezogen sich im Talk mit unterschiedlicher Tiefe auf die Schnittstellen zwischen gebautem Raum, planerischer Praxis und Sorge-Praktiken im Alltag: Wie unterscheiden sich Formen der Pflege in städtischen Quartieren und in ländlichen Gebieten? Wie gestaltet sich der Bezug von alter(n)sgerechten sozialen und Gesundheitsinfrastrukturen zur Umgebung und zum öffentlichen Raum? Was sind die Möglichkeiten und Grenzen der derzeitigen Typologien von Alters- und Pflegeheimen? Und wo liegen die Unterschiede zwischen Wohnen im Heim und Pflege in der Wohnung? Was benötigen innovative Beispiele des betreubaren Wohnens und der alter(n)sgerechten Quartiere, um replizierbar zu werden? Wie sehen die Schnittstellen zwischen Pflegeeinrichtungen, Gesundheitsinfrastrukturen und der unmittelbaren gebauten Umgebung aus? Welche Aspekte müssen in der Planungspraxis für den Alltag beachtet werden? Aspekte für die zukünftig notwendige Auseinandersetzung zu Gesundheits- und sozialen Infrastrukturen des Alter(n)s ließen sich im Talk in drei Themenbereiche zusammenfassen: «Das Spiel mit Zahlen und die Maßstäblichkeit des Alltags», «Vielfältigkeit und neue Modelle zum Wohnen im Alter», «Die Unsichtbarkeit des Pflegeaspekts und die Gebrauchsperspektive im Entwurf».

Innerhalb der Themenbereiche finden sich so unterschiedliche Aspekte wie die Notwendigkeit für das sorgsame Entwerfen von im Alltag essenziellen Details, die Abkehr von einer Defizitorientierung des Alter(n)s oder auch das Erlernen von Gemeinschaft im Alter. Die Titel der Themenbereiche verdeutlichen, wie eng verwoben planerische Herangehensweisen, alltägliche Gebrauchsanforderungen und die bauliche Umsetzung sind – und welche Widersprüche sich aus der komplexen Verwobenheit ergeben. Im Gespräch kristallisierten sich diese (disziplinären) Widersprüche, aber auch Möglichkeiten als (noch) offene Fragen für die Gestaltung zukünftiger sozialer und Gesundheitsinfrastrukturen heraus.

Es sprachen Peter Bleier vom Verein «kolokation – gemeinsam urban wohnen», Gea Ebbinge als Bauprojektkoordinatorin der Caritas Pflege Wien, Franziska Leeb, die u.a. als Architekturpublizistin über die neuen Wiener Wohn- und Pflegehäuser sowie GenerationenWohnen geschrieben hat, Wilhelm Sutterlüty als Geschäftsführer des Sozialzentrums Egg (Vorarlberg) und der Architekt zahlreicher Pflegeheime und Gesundheitseinrichtungen in Österreich Dietger Wissounig.

Pflegewohnheim Peter Rosegger, Dietger Wissounig Architekten ZT GmbH
oben: Atrien, unten: Wohngruppe

JL   Judith M. Lehner   FL   Franziska Leeb
PB   Peter Bleier   WS   Wilhelm Sutterlüty
GE   Gea Ebbinge   DW   Dietger Wissounig

Über das Spiel mit Zahlen und die Maßstäblichkeit des Alltags

JL   Herr Sutterlüty, wie sind Ihre Erfahrungen mit einem kleinen Pflegeheim, bei dem auch betreubares Wohnen an die Pflegestationen angeschlossen ist? Was bedeutet in einem solchen Fall die Differenzierung zwischen den Bedürfnissen des Alter(n)s?

WS   Wir betreiben im Wesentlichen ein kleines Pflegeheim von 30 Betten mit betreubarem Wohnen, wobei mindestens Pflegestufe 4 von sieben Pflegestufen für die Aufnahme im Pflegeheim erforderlich ist. Das heißt, die Menschen sind sehr pflegebedürftig und es geht eigentlich darum, ihnen ein Wohlfühlgefühl zu vermitteln, indem sie das an Lebensqualität, was sie noch haben, auch praktizieren können. Im angeschlossenen betreuten Wohnen, welches direkt von der Gemeinde verwaltet ist, sind Menschen mit einer niedrigeren Pflegestufe, die sozusagen als Backup die Ersthilfe aus dem Pflegeheim beziehen können. Allerdings ist diese Form etwas in den Schatten getreten in den letzten Jahren, weil – zumindest in Vorarlberg – sehr viele Menschen sehr lange zu Hause bleiben mit 24-Stunden-Betreuung, mit mobilem Hilfsdienst oder durch die Hauskrankenpflege. Damit fällt jedoch eine Zwischenstufe vom selbstständig betreuten Wohnen bis zur Pflege weg. Es ist daher sicherlich nach neuen Modellen zu suchen, wie der Prozess in der Pflegebedürftigkeit gestaltet werden kann und an welchem Platz die richtige Pflege und Obsorge erfolgen kann.

JL   Herr Wissounig, wo liegen die Grenzen von architektonischen Typologien, wenn Alter differenzierter, zum Beispiel über vielfältige Bedürfnisse und als Prozess definiert wird?

DW   Die Pflegehäuser, die wir geplant haben, sind vorwiegend für höhere Pflegestufen. Die Bewohnerinnen, die in diesen Pflegehäusern untergebracht sind, sind nur in einem gewissen Rahmen selbstständig. Der Bezug zum öffentlichen Leben ist hier nur bedingt gegeben, aber natürlich ist es auch in diesen Häusern das Ziel, ein möglichst «normales» Leben zu führen. Es gibt diesen schönen Begriff des Normalitätsprinzips, dass man versucht, das Umfeld so zu gestalten, dass derjenige sich nicht viel anders als zu Hause fühlt. Das ist die Theorie und mit gewissen Mitteln der Architektur, des Lichts, der Raumstimmung kommt man zumindest in die Nähe dieses Bereichs. Wir sind dabei sehr stark darauf angewiesen, wie die einzelnen Heimbetreiber, die die wichtigste Schnittstelle sind, ihre Aufgabe erfüllen möchten. Unsere bisher fertiggestellten Projekte in Vorarlberg, in der Steiermark und in Kärnten sind als Wohngruppenmodelle geplant, wo jeweils maximal 15 bis 16 Menschen zum Miteinanderleben in einer Wohngruppe untergebracht sind und eine Alltagsmanagerin als ständige Ansprechpartnerin für die jeweiligen Bewohner fungiert. Das entwickelt sich nun weiter in eine neue Generation von Pflegeheimen, wo vor allem deren Verortung im Kontext der Stadt oder im Ort eine ganz wichtige Rolle spielt, damit noch mehr Durchmischung mit dem öffentlichen Leben außerhalb des Heims stattfindet.

      Es geht also mehr darum, ein familiäres Gefühl durch diese neuen Typologien zu entwickeln, als in einem Haus zu leben, wo man ständig neue Menschen und neue Gesichter trifft. Das Hauptziel ist es, dass eine Vertrautheit und ein Wohlgefühl entstehen. Da gibt es keinen so großen Unterschied – bis auf das Thema des Pflegebedarfs –, ob man ein älterer Mensch ist und in einem Heim wohnt oder in einer Studierenden-WG mit ein paar mehr Bewohner:innen.

GE   In der Planung von Pflegeheimen geht es in erster Linie um Gruppengrößen und Wohnbereichsgrößen. Neben den gesetzlichen Regelungen gibt es diesbezüglich auch Vorgaben vom Fonds Soziales Wien. Es ist ein Zahlenspiel, was die Ober- und die Untergrenze bei der Betreuung durch den Nachtdienst betrifft. Es sollen nicht zu viele sein, aber auch nicht zu wenige, sonst rechnet es sich nicht mit den Personalkosten. Um diese Grenzen nicht zu über- oder unterschreiten, kommt man sehr oft auf zweimal 15 Zimmer pro Wohnebene. Das sind 30 Bewohner:innen auf einer Ebene, die von einem Nachtdienst betreut werden, und zwei Wohngruppen rund um jeweils einen Gemeinschaftsbereich. Innerhalb dieser 15er-Gruppe gibt es im Alltag noch eine Teilung in der Bezugspflege. D.h. eine Pflegegruppe mit ungefähr sieben bis acht Personen wird immer vom gleichen Personal betreut. Diese Zahlen sind sehr formend und entscheiden auch die Planung.

PB   Auch wir vom Verein «kolokation – gemeinsam urban wohnen» gehen von kleinen Einheiten aus und haben auf Basis unserer Recherchen nach der Gründung des Vereins Gruppengrößen von maximal 20 Personen angestrebt. Wobei unser Ansatz vor allem derjenige ist, dass wir das Wohnen der älteren Menschen nicht irgendwo an den Stadtrand verlegen, sondern wirklich Teil des innerstädtischen Lebens sein möchten. Unser Ausgangspunkt war: Eine Stadt ohne alte Menschen ist keine komplette Stadt, sie ist nicht vollständig. Mit einem dieser Argumente konnten wir auch ein Projekt in der Seestadt Aspern umsetzen: Auch dort wird es in Zukunft – die Menschen werden absehbar älter –Leute geben, die ungern ihre Wohngegend, ihre soziale Umgebung verlassen, aber für die die Wohnung zu groß ist und an eines der Kinder weitergegeben wird.

        Eigentlich würde Wien eben nicht diese großen, 500 Bewohner umfassenden Pensionist:innenheime brauchen, die zwar auch in der Stadt liegen, aber mit ihr nicht vernetzt sind. Wir stellen uns vor, dass allein-wohnende ältere Menschen, denen ihre Wohnung zu groß ist, in eine Gemeinschaft ziehen und den großen Wohnraum für andere Bedürfnisse zur Verfügung stellen. Durch unser Modell soll also wirklich die Großfamilie – von 15 bis 16 Personen – in irgendeiner Form ersetzt werden, mit dem Vorteil, dass man sich die, mit denen man zusammenwohnt, selbst aussuchen kann.

JL   Ältere Menschen als sichtbarer Teil der Stadt. Steht dies im Widerspruch zu Alten- und Pflegeheimen, die wenig Austausch mit dem urbanen Umfeld haben? Franziska Leeb, Sie haben sich in Ihrer Publikation mit den damals in Planung befindlichen, großmaßstäblichen Geriatriezentren in Wien beschäftigt.

FL   Ich denke, unsere Gesellschaft ist sehr heterogen und genauso vielfältig sind die Formen des Lebens im Alter. Als ich damals an dem Buch geschrieben habe, hat man mir erklärt, dass man sich in den Wiener Pensionist:innen-Wohnhäusern, die ursprünglich nicht für Pflegebedürftige gedacht waren, sondern für Leute, die eine bequemere Wohnung benötigen, ab 50 anmelden kann. In unserer Generation oder für unsere Lebensrealität ist das inzwischen völlig absurd. Als diese Häuser vor 30, 40 Jahren gebaut wurden, waren die Menschen einfach gezwungen, mangels Lift aus den kleinen, zum Teil Substandard-Wohnungen in den Gründerzeithäusern in alternsgerechte, barrierefreie Wohnungen zu kommen. Das andere sind die neuen Spezial-Krankenhäuser für geriatrische Pflege. Das kann ich nicht vergleichen und gegenrechnen mit Wohnmodellen, wie Herr Bleier sie beschreibt und die genauso wichtig sind. Es ist etwas anderes, wenn ich 95 und dement bin und niemanden mehr erkenne. Dann ist es unmöglich oder sehr schwierig, dieses selbstbestimmte Leben in einer Gemeinschaft zu haben, wo sich die Leute aussuchen, wer mit ihnen wohnen darf. Es geht immer darum, für den richtigen Fall die richtige Situation, das Richtige zu finden. Wir müssen auch bedenken, dass es ganz viele Menschen gibt, die schon aufgrund ihres Milieus, vielleicht aufgrund von Sprachbarrieren und anderen Einschränkungen gar nicht in der Lage sind, sich in so einem Modell von Wohngemeinschaften zurechtzufinden. Insofern verdamme ich die großen Häuser nicht.

Ich glaube, es geht überall – egal ob klein oder groß, ob für Alte, Schwerkranke oder multipel erkrankte Personen oder für ganz Gesunde und Fitte – darum, sich wohlzufühlen. Die Frage ist, wo fühlt man sich wohl? Das ist auf der einen Seite sehr individuell. Ich sehe im Idealisieren der Kleinheit, im Zuhause-Bleiben, in der kleinen Gruppe zu sein manchmal ein bisschen zu viel Romantik. Da ist es natürlich ein Unterschied, ob wir im Bregenzerwald sind oder in Wien. Ich denke, als Wiener Seniorin ist man daran gewöhnt, mit großen Einheiten zurechtzukommen.

Sozialzentrum Egg,
lobmaier architekten
ZT GmbH

GE   Ich möchte auf das Wort Vielfältigkeit zurückkommen, weil
das auch für uns in der Caritas-Pflege eine ganz wichtige Ausgangsposition
ist. Die Caritas hat in Wien einige Pflegewohnhäuser, die neu geplant
werden und in einer Größenordnung zwischen 60 und 140 Betten sind.
Zusätzlich bieten wir in der Zusammenarbeit mit Bauträger:innen betreubares Wohnen an. Da werden kleine barrierefreie Wohnungen direkt
vom Bauträger:innen an Senior:innen vermietet, die zusammenwohnen
wollen und ein bisschen Unterstützung von den mobilen Diensten der
Caritas-Pflege brauchen. Wenn man zusätzliche Pflege braucht, kann man
das bei den mobilen Diensten «Pflege Zuhause» dazubuchen, eine Grund-
begleitung wird dort geboten. In Entwicklung sind derzeit auch zwei
Wohngemeinschaftsmodelle, einerseits das Wohngemeinschaftsmodell Me-
lange für Menschen 55+, die sehr aktiv sind, aber zusammenwohnen
wollen. Die Themen Einsamkeit, Austausch und Gemeinsamkeit sind hier
federführend. Andererseits gibt es noch Wohngruppen, wo schon eine
leichte Pflegestufe vorhanden ist und wo der Fonds Soziales Wien seit
letztem Jahr eine Art Basis-Paket für diese Wohngemeinschaften fördert.
Das ist alles in Entwicklung.

JL   Herr Sutterlüty sprach zuvor von der Notwendigkeit, neue Modelle für das Altern und die Gestaltung des Prozesses der Pflegebedürftigkeit zu suchen. Peter Bleier, füllt Ihr Verein eine existierende Lücke?

PB   Ich war einmal auf einer Tagung von Pflegekräften in Oberösterreich und da habe ich in einem Kurzvortrag gesagt: «Ich komme nicht
aus dem Pflegebereich, sondern ich komme von einer anderen Seite.
Ich komme von der Seite der alten Menschen, die so lange wie möglich
verhindern wollen, auf Sie angewiesen zu sein.» Und genau das ist das
Modell des Vereins kolokation. Wir sind ein soziales Projekt, aber kein
Sozialprojekt. Unser Verein schaut, dass Menschen, die aus dem Arbeitsle-
ben kommen, freiwillig oder durch den Tod des Partners alleinstehend
sind, eine neue Art von Gemeinschaft erlernen. Wobei diese Menschen
weniger den Individualismus erlernen müssen, sondern vielmehr wiederum das Berücksichtigen der Gemeinschaft. Selbstverständlich hat jeder
seine voll ausgestattete kleine Wohnung, in der er tun und lassen kann, was
er will, aber es ist nicht notwendig, dass jeder in der Küche ein Backrohr
und einen Dampfgarer hat, sondern der ist im großen Gemeinschaftsraum,

55

denn dort befindet sich die Ausstattung, die jeder jederzeit nutzen kann. Hier ergeben sich diese Kontakte, die sich – und das ist unser Ansatz – mit einer Großanlage, wenn überhaupt, dann nur schwer verbinden lassen. Es ist klar, dass ab einer gewissen Pflegestufe – und da bin ich mit Herrn Sutterlüty völlig einig – und ab einer bestimmten Größe Anonymität unvermeidbar ist.

Die Stadt Wien sieht es inzwischen als wichtig an, Gemeinschaft zu fördern und nicht nur Wohnungen zu bauen, um städtisches Leben und ein Gefühl von einem Grätzel[1] zu erzeugen. Es werden viele Versuche zu Wohngruppen für unterschiedliche Altersgruppen, zu Stadt-Wohnzimmern, Gemeinschaftsräumen, die auch von Nachbarn gemietet werden können, gemacht – alles Dinge, die durch die Wohngroßanlagen in den Städten völlig verloren gegangen sind und jetzt mühsam wieder zurückgeholt werden. Wir als Verein sehen uns nicht isoliert, sondern immer als Teil solcher Gruppen. Unser Traum wäre, dass bei jedem größeren städtebaulichen Wettbewerb in der Ausschreibung drinnen steht: …und einen Hausteil bitte für ältere Menschen, wo sie in einer Wohngruppe zusammenleben können. Ganz wichtig ist eben dieses Erlernen von Gemeinschaft: so viel Individualität wie notwendig und so viel Gemeinschaft wie irgendwie möglich.

WS   Das ist auch bei uns ein wichtiger Aspekt: Der Austausch, die Teilhabe am dörflichen Leben in einer ländlichen Gegend. In unserem Haus gibt es sehr große Fenster, die bis zum Boden reichen, und es war eine große Diskussion, ob das den Leuten gefallen wird. Es gefällt ihnen sehr gut, weil sie eben genau die Landschaft, die gewohnte Umgebung durch diese großen Fenster ins Haus holen können. Das ist das eine: das Ansprechen aller Sinne durch die Architektur und Materialisierung in der Ausführung, im Design. Das ist sehr, sehr wichtig. Der Austausch auf persönlicher Ebene erfolgt auch durch Schülerinnen und Schüler, die unser Haus besuchen und zum Beispiel Fenster gestalten. Die Kindergärten machen Musikaufführungen, die Musikschule hat Konzerte im Haus. Wir haben hier eine tolle Kapelle, in der es auch konzertante Aufführungen gibt. Dadurch versuchen wir, das dörfliche Leben ins Haus zu holen und die Leute in jeder Phase ihres Lebens daran teilhaben zu lassen. Die Pflegeheime sollen ja nicht am Stadtrand oder irgendwo außerhalb sein, sondern mitten im Geschehen, weil die Menschen auch mitten im Geschehen sein sollen. Das ist der wichtige Punkt in der Gesamtgestaltung des Lebens im Alter.

1   Wiener Bezeichnung für unmittelbare Umgebung oder Wohnviertel.

Die Unsichtbarkeit des Pflegeaspekts und die Gebrauchsperspektive im Entwurf

DW   Jeder Mensch hat irgendwie ein Gefühl für Raum. Zumeist ist es ein unbewusstes Gefühl dafür, wie Materialien miteinander kommunizieren oder was für eine Stimmung in einem Raum entsteht. Ob das eine heitere Stimmung ist, ob es schön hell ist, ob das Tageslicht gut in den Raum kommt oder ob es eher bedrückend ist. In dem Bereich der Pflegehäuser, die vorwiegend auf Demenzkranke ausgerichtet sind, geht es ganz besonders darum, alle Sinne anzusprechen. Der bewusste Einsatz von Materialien oder, wie wir es auch gerne versuchen, von Atrien, wo sich vielleicht ein Wintergarten abbildet, wo der Tageslichtverlauf mit den Jahreszeiten erkennbar ist, spielt eine ganz große Rolle.

      In unseren Planungen von Pflegeheimen gibt es das Thema, dass sich derjenige, der dort wohnt, trotzdem noch ein Stück persönliche Autonomie behalten möchte. Und das ist bei einem Projekt von uns so weit gegangen, dass die Idee entstanden ist, den Vorraum jedes Zimmers als eine Art kleine Stube zu entwerfen, wo der Bewohner, die Bewohnerin jemand anderen aus der Wohngruppe einladen kann, um mit ihm etwas zu besprechen oder zu plauschen. Dieses Abgrenzen zur Wohngemeinschaft sollte Rückzug ermöglichen, auch wenn es schön ist, vor die Tür zu treten und im Wohnzimmer der Wohngemeinschaft zu sein.

GE   Ich bin sehr dafür, dass früh sogenannte «soft factors» kommuniziert werden. Bei unserer Planung versuche ich, für das Lebensqualitätskonzept, mit dem die Caritas arbeitet, also mit verschiedenen Faktoren wie Selbstbestimmung, ein gutes Wohnumfeld etc. Aspekte zu formulieren, die mit der Raum-Mensch-Beziehung zu tun haben. Ich versuche, diese Bedürfnisse so darzustellen, dass man diese wichtigen Aspekte in der Typologie – von Basis-Grundrissen bis zur Detaillierung in der Möbelplanung – hervorhebt. Es geht um ganz einfache Dinge, die trotzdem in vielen Pflegeheimen fehlen. Das Wohnen soll mehr in den Vordergrund kommen und die funktionale Pflege weniger sichtbar werden. Es wird versucht, mit kleinen Dingen diese Selbstbestimmung, die bei vielen Bewohnerinnen und Bewohnern im Pflegeheim sehr reduziert ist, innerhalb vom Pflegewohnhaus durch eine gewisse Wahlmöglichkeit in den Räumlichkeiten zu ermöglichen.

      Da geht es oft um kleine Dinge wie eine Sitznische, wo man sich mit einer Angehörigen zurückziehen kann. Dies funktioniert wirklich gut und ist nicht nur ein Sessel am Gang. Es passiert oft, dass eine Sitznische im Plan eingezeichnet wird und dann stehen im Alltag dort Hebelifter und andere Gegenstände, weil zu wenig Abstellräume geplant sind. Es gibt ganz viele Hilfsmaterialien, die man in der Pflege wirklich benötigt. Für diese Gegenstände muss Stauraum mitbedacht werden.

FL   Frau Ebbinge hat etwas sehr Wichtiges angesprochen: die Sichtbarkeit des Pflegeaspekts oder vorzugsweise die Unsichtbarkeit des Pflegeaspekts. Meine Erfahrung – egal ob in großen städtischen Häusern, in kleineren am Land oder in Senioren-Wohngemeinschaften und betreuten Wohngruppen – ist, dass alle innerhalb ihrer Typologie meist das gleiche Anforderungsprogramm von einem sozialen Träger oder einem Bauträger gestellt bekommen. Wenn man jedoch die Projekte besucht, an die eigentlich ein und dieselbe Aufgabe gestellt wurde, dann präsentieren sie sich ganz unterschiedlich. Ich brauche überall Rampen, um Höhenunterschiede zu überwinden. Ich brauche Handläufe. Es ist vor allem im geriatrischen Bereich wichtig, Kontraste zwischen Wand- und Bodenflächen zu haben, damit man sich besser orientieren kann. Und dann gibt es aber Häuser, wo ständig dieser hässliche Handlauf oder diese Rampe präsent sind. Wo ich mich selbst als gesunder, jüngerer Mensch schon defizitär fühlen würde, wenn ich die Rampe nehmen müsste. Oder wo die Kontraste zwischen Wand und Boden in so einer Geschmacklosigkeit abgehandelt werden, dass es einfach hässlich anzusehen ist. Man muss darauf achten, Menschen nicht schon ein Gefühl des Defizits zu geben, nur weil sie sozusagen dazu verdammt sind, diese Dinge zu benützen. Es geht auch anders. Das sollten Auftraggeber:innen und Nutzer:innen an die Architekt:innen kommunizieren. Das ist es auch, was das Bauen zur Baukunst oder zur Architektur macht: dieses Verständnis und dieses Einfühlen in menschliche Bedürfnisse. Deshalb fällt es mir auch schwer, in eine Typologie-Diskussion – wie viele Flächen und wie viele Leute brauche ich? – zu gehen. Wenn es gut gemacht ist, können vielleicht 40 Menschen gedeihlich in einer Wohngruppe zusammenleben. Wenn es schlecht gemacht ist, kriegen vier irgendwann einen Lagerkoller, dass man sie wahrscheinlich trennen muss, weil das Umfeld so hässlich ist. Ich erachte nach wie vor sowohl die Typologie als auch die Form der Betreuung für … nicht für sekundär, das sind wichtige Strukturen, aber für eine Aufgabe der Sozialpolitik. Das andere ist die Aufgabe von Architekten und Auftraggebern.

Feuerstein, Christiane; Leeb, Franziska (2015). Generationen Wohnen: Neue Konzepte für Architektur und soziale Interaktion. München.

Enßle, Friederika; Helbrecht, Ilse (2018). Ungleichheit, Intersektionalität und Alter(n) – für eine räumliche Methodologie in der Ungleichheitsforschung, Geogr. Helv., 73, S. 227–239.

Hülsen-Esch von, Andrea; Seidler, Miriam; Tagsold, Christian (2013). Methoden der Alter(n)sforschung: Disziplinäre Positionen und transdisziplinäre Perspektiven. Bielefeld.

Lehner, Judith M; Gabauer, Angelika (2020). Alltagsinfrastrukturen des Alter(n)s. Zur Erweiterung methodischer Zugänge für die Planung. In: T. Dillinger et al. (Hg.): Jahrbuch Raumplanung 2020. 50 Jahre Raumplanung an der TU Wien Studieren – Lehren – Forschen. Wien

Tronto, Joan C. (2015). Who Cares? How to Reshape a Democratic Politics. Ithaca/London.

Zentral, dezentral, egal? Wege einer integrierten Gesundheitsversorgung in urbanen und ruralen Nachbarschaften

In der Planung erlebt das Gesundheitsthema eine Renaissance und die gesundheitliche Dimension raumplanerischen Handelns rückt wieder in das Zentrum des Planungsdiskurses. Wir erkennen, dass die *Gesunde Stadt* – das vielleicht wichtigste Setting[1] der verhältnisorientierten Gesundheitsförderung – insbesondere von planerischen Entscheidungen geprägt wird. Aber wie planen wir eine *Gesunde Stadt*, wie definiert sie sich und welche Rolle spielen dabei gesundheitsrelevante Infrastrukturen? Seit ihrer Entstehung kreist die Stadtplanung um diese zentralen Fragen. Während die Disziplin im Laufe der Zeit sehr unterschiedliche, beinahe widersprüchliche Antworten hervorgebracht hat, ist vor allem eines klar: Jede Zeit hat ihre eigene Gesundheitsdefinition und jedes Gesundheitsverständnis zeichnet ein neues Bild der *Gesunden Stadt*.

So lag das Augenmerk im 19. Jahrhundert auf der Verbesserung hygienischer Zustände und damit zusammenhängend auf der Notwendigkeit, Krankheiten zu bekämpfen. Raumplanerisches Handeln bezog sich auf die Schaffung von Abwasserentsorgung, öffentlich zugänglichen Parks, Funktionstrennung und die Regelung eines Mindestmaßes von Luft, Licht und Sonne. Das daraus resultierende städtebauliche Ideal der Moderne ist die gebaute Antithese zur dichten, durchmischten, gründerzeitlichen Stadt, der aus damaliger Sicht *Ungesunden Stadt*. Anstelle von engen Straßen und dichten Quartieren entstanden parkähnliche Anlagen, in denen Wohnscheiben und Wohntürme ein Leben abseits von jeglichen Krankheitsgefahren ermöglichen sollten: weit entfernt von den als gesundheitsschädlich verstandenen Funktionen wie Produktion und Industrie (vgl. Corburn 2009). Eine ähnliche Entwicklung beobachten wir auch bei den damals entstehenden neuen Infrastrukturen der Gesundheit. Einrichtungen wie Sanatorien oder Krankenhäuser boten den Menschen eine heilsame Umgebung, die sich dadurch auszeichnete, fernab vom städtischen Alltagsleben zu sein (vgl. Wagenaar 2013). Das Urbane selbst galt als ungesund.

Ironischerweise produzierte dieses gesundheitliche Idealbild der Stadt (gebaute) Verhältnisse, aus denen wiederum neue gesundheitliche Probleme entstanden. Das Verschwinden kleinräumiger nachbarschaftlicher Teilhabemöglichkeiten, weite Wege und ein isolierteres und sich immer mehr ins Private verlagernde Wohnen stellen insbesondere für vulnerable Gruppen eine Belastung für die (mentale) Gesundheit dar. In dem Zusammenhang bezeichnet Hugh Barton «soziale[n] Netze in der eigenen Nachbarschaft, sowohl die formellen Gruppen als auch die informellen Gemeinschaften» (2017, 100) als wesentliche Gesundheitsfaktoren in der Stadt. Damit wird die Gesundheitsrelevanz von sozialen Infrastrukturen, die zwar nicht wie Krankenhäuser explizit der Gesundheitsversorgung dienen, sie aber maßgeblich beeinflussen, offensichtlich. Wichtige Orte und Einrichtungen, die Gemeinschaft, Austausch und Nachbarschaft ermöglichen und so Wohlbefinden fördern, sind beispielsweise Gemeindezentren, Gasthäuser, die Bäckerei, der regelmäßige Stammtisch oder Vereinshäuser.

Mit einem ganzheitlicheren Gesundheitsbegriff, der nicht nur das Fehlen von Krankheit beschreibt, sondern das vollständige körperliche, geistige und soziale Wohlergehen miteinschließt, verändert sich zwangsläufig der Diskurs über die gesundheitliche Wirkung von Stadt und Planung. Der Stadtraum wird nicht mehr als gesundheitsgefährdend gesehen, sondern die gesundheitsförderlichen Potenziale des Quartierslebens selbst werden entdeckt. So beschreibt das Gesunde-Städte-Netzwerk der WHO ein Idealbild: «Eine Gesunde Stadt bietet eine natürliche und bebaute Umwelt, die Gesundheit, Erholung und Wohlbefinden, Sicherheit, soziale Interaktion, problemlose Mobilität sowie Selbstwertgefühl und eine kulturelle Identität ermöglicht […]» (WHO 2009, 6). Spätestens zu diesem Zeitpunkt wird ein Paradigmenwechsel offensichtlich, der das Konzept der *Gesunden Stadt* und damit auch deren Planung in sein Gegenteil verkehrt.

Daraus entstehen neue Anforderungen an die wohnortnahe Gesundheitsversorgung, die Rolle, Gestalt und Verortung von Gesundheitsinfrastrukturen auf den Kopf stellen. Sie sind nicht mehr Orte hinter Mauern, die der Krankheitsbekämpfung und der Gesundheitswiederherstellung dienen. Die Anforderungen an Versorgungsstrukturen wachsen stetig, werden gleichzeitig diverser und gehen oft weit über reine Behandlung von akuten Krankheiten hinaus – Gesundheitsförderung sowie Verhältnis- und Communityorientierung gewinnen an Bedeutung. Auch die WHO denkt die Aufgabe von Gesundheitseinrichtungen über räumliche sowie institutionelle Grenzen hinweg und beschreibt «Promoting health in the local community» als eine zentrale Aufgabe von gesundheitsfördernden Krankenhäusern und Gesundheitseinrichtungen (HPH 2020). Damit wird die Verantwortung von Gesundheitseinrichtungen für ihre unmittelbare Umgebung und Nachbarschaft, für *community health* und *environmental health* betont. Um das leisten zu können, dürfen Gesundheitsinstitutionen keine Inseln sein, vielmehr sollten sie in die Zentren von Gemeinden und Quartieren rücken und zu integrierten und gestaltenden Bestandteilen der Nachbarschaften werden. Als solche haben sie das Potenzial, weit über die Kernfunktion der Gesundheitsversorgung hinaus zu wirken und im Sinne der verhältnisorientierten Gesundheitsförderung wesentlich zur wohnortnahen Versorgung mit niederschwelligen Austausch- und Teilhabemöglichkeiten beizutragen (vgl. Maierhofer 2016).

In einer vielseitigen Versorgungslandschaft aus formelleren und informelleren Institutionen und Initiativen können nachbarschaftliche Gesundheitszentren wie zum Beispiel die Polyklinik Veddel (Hamburg, Deutschland) eine wichtige Schlüsselfunktion einnehmen und die verschiedenen gesundheitsrelevanten Infrastrukturen vernetzen. Gleichzeitig sind sie erste niederschwellige Anlaufstellen für unterschiedlichste, nicht notwendigerweise allein medizinische Anliegen und Probleme der Menschen. Dabei werden sie selbst zu einem wichtigen Raum des für Gesundheit so relevanten sozialen Gefüges. Sie sind Orte der Gemeinschaft, involvieren die Nachbarschaft und gestalten die Umgebung mit. Sie haben programmatisch und typologisch mit Nachbarschaftszentren, Vereinshäusern oder Gasthäusern weit mehr gemeinsam als mit Krankenhäusern oder rein medizinischen Versorgungszentren. Aus raumplanerischer Sicht sind sie auch Frequenzbringer, schaffen (räumliche) Orientierung 63 und verändern durch ihre Positionierung das System von Zentren und öffentlichen Räumen. Sie könnten gebautes Zeichen für das Gemeinwesen werden oder durch eine sensible Einfügung in den Bestand das vorhandene räumliche und soziale Gefüge vor Ort stärken. Dabei ist es keineswegs egal, ob wir gesundheitsrelevante Einrichtungen am Ortsrand neben dem Kreisverkehr bauen oder in den Bestand integrieren. Diese enge Verflechtung schafft nicht nur räumliche, sondern auch institutionelle und soziale Nähe und Dichte.

Vor dem Hintergrund, dass in den nächsten Jahren zahlreiche neue Primärversorgungseinheiten entstehen sollen, sind die Fragen nach Verortung und Typologie unausweichlich (BMSGPK 2017). Welche räumlichen Anforderungen und Konsequenzen bringen gesundheitsrelevante Infrastrukturen mit sich? Wie positionieren wir sie im Raum? Welche Rolle spielen sie für die Gesundheitsförderung in den Settings Gemeinde und Quartier? Wie entstehen transdisziplinäre Netzwerke, funktionale Zentren oder neue Monumente des Gemeinwesens? Wie lassen sie sich planen und welche Prozesse benötigen wir dafür? All diese Fragestellungen betreffen den Kern der Raumplanung und können folglich nur von und mit Planer:innen verhandelt werden.

Um den daraus resultierenden gesundheitlichen Herausforderungen gerecht zu werden, müssen Grenzen überwunden werden: institutionelle wie räumliche Grenzen, Grenzen zwischen Gesundheitsinstitutionen und nachbarschaftlicher Alltagswelt sowie – und dies erscheint besonders dringlich – disziplinäre Grenzen zwischen Planung und Public Health. Ein transdisziplinärer Zugang, der das Gesundheitsthema nicht isoliert betrachtet, sondern zu einem integrierten Teil der Stadt und der stadtplanerischen Praxis macht, ist die logische Konsequenz.

Bereits entstandene neue Formen der Gesundheitsversorgung können in diesem Rahmen wertvolle Ausgangspunkte der Analyse und erste Orientierung bieten. Das folgende Gespräch, das im Rahmen der *SPACE ANATOMY – Lunch Talks* unter dem Titel *Zentral, dezentral, egal? Wege einer integrierten Gesundheitsversorgung in urbanen und ruralen Nachbarschaften* stattfand, thematisierte die wechselseitige Beziehung zwischen Gesundheit, (gesundheitsfördernder) Nachbarschaft und Gesundheitsinfrastrukturen. Dabei wurden insbesondere Fragen nach der Rolle von Architekt:innen und Planer:innen sowie nach Formen einer integrierten Gesundheitsinfrastruktur(planung) gestellt:

Welche Rolle spielen Primärversorgungszentren für Gesundheitsförderung im Setting Quartier bzw. im Setting Gemeinde? Welche neuen Orte, architektonischen Typologien und Programme sind dafür notwendig? Wie sehen die Schnittstellen zwischen Gesundheitseinrichtung und der unmittelbaren (gebauten) Umgebung aus?

Was bedeuten Gesundheitszentren und andere soziale Institutionen für das Zusammenleben, den öffentlichen Raum und die Zentren unserer Gemeinden und Quartiere? Welche Rolle spielen sie im Kontext von formellen und informellen Versorgungs- bzw. Sorgestrukturen?

Welche Rolle spielen gesundheitsbezogene Infrastrukturen in Bezug auf gesundheitliche Chancengleichheit und räumlicher Gerechtigkeit? Welche Herausforderungen entstehen durch die Ausdünnung solcher Infrastrukturen im ruralen und im urbanen Raum? Verändert die aktuelle Pandemie das gesellschaftliche und politische Bewusstsein für die Bedeutung von Gemeinwesen und Gesundheitsinfrastrukturen? Welche Möglichkeiten und Gefahren entstehen durch die Digitalisierung der Versorgung? Welche Möglichkeiten und Gefahren entstehen durch die Zentralisierung/ Bündelung der vorhandenen Institutionen und Initiativen?

Miteinander sprachen Philipp Dickel, Allgemeinmediziner in der Poliklinik Veddel in Hamburg, Petra Plunger, die als Senior Health Expert im Kompetenzzentrum Zukunft Gesundheitsförderung der Gesundheit Österreich GmbH tätig ist, Isabel Stumfol als Koordinatorin des Centers Ländlicher Raum an der Fakultät für Architektur und Raumplanung der TU Wien und der Architekt Josef Schütz, der mit seinem Architekturbüro ARKADE ZT GmbH mehrere Gesundheitszentren, unter anderem in Haslach, realisiert hat.

---

1 *Setting* (bzw. *Settingansatz* oder *Lebenswelt)* sind für die Gesundheitsförderung zentrale Begriffe. Settings beschreiben alltägliche Räume, die die Gesundheit beeinflussen und in denen Gesundheit besonders gefördert werden kann und soll. Zu den wichtigsten Settings der Gesundheitsförderungen zählen beispielsweise Arbeitsplätze, Bildungseinrichtungen und Krankenhäuser sowie Gesundheitseinrichtungen, aber auch kommunale Settings wie Dorf, Grätzel, Gemeinde oder Stadt (vgl. FGEO).

Barton, Hugh (2017). City of Well-being: A radical guide to planning. London.

Corburn, Jason (2009). Toward the Healthy City. Cambridge.

FGOE (Fonds Gesundes Österreich) (o. J.). Glossar; Setting, Settings, Lebenswelten, Settingansatz. https://fgoe.org/glossar/setting. (31.01.22)

HPH (Network of Health Promoting Hospitals and Health Services) (2020). Standards for Health Promoting Hospitals and Health Services. Hamburg, Deutschland: International HPH Network; Dezember, 2020.

Maierhofer, Magdalena (2016). A hospital is not a tree. Die Re-Urbanisierung von Krankenhaus und Gesundheit. Wien.

BMSGPK (Bundesministerium für Soziales, Gesundheit, Pflege und Konsumentenschutz) (2017). Österreichischer Strukturplan Gesundheit 2017. Wien.

Wagenaar, Cor (2013). Das Krankenhaus und die Stadt. In: Nickl-Weller, Christine, Nickl, Hans. Healing Architecture. Salenstein. S. 124–149.

WHO (Weltgesundheitsorganisation. Regionalbüro für Europa) (2009). Zagreber Erklärung für Gesunde Städte: Gesundheit und gesundheitliche Chancengleichheit in allen Bereichen der Lokalpolitik: Internationalen Gesunde-Städte-Konferenz: Zagreb, Kroatien, 15.–18. Oktober 2008.

Gesundheitszentrum Haslach a.d. Mühl, Architekturbüro ARKADE ZT GmbH

MM   Magdalena   PP   Petra Plunger
            Maierhofer   JS   Josef Schütz
PD   Philipp Dickel   IS   Isabel Stumfol

MM   Frau Stumfol, Gesundheitsexpert:innen betonen immer mehr die
gesundheitlichen Wirkungen von Lebensverhältnissen, gebauter Umwelt
und Raum. Sie sind Raumplanerin und beschäftigen sich insbesondere mit
dem ländlichen Raum. Wie oft und in welcher Form begegnet Ihnen das
Gesundheitsthema?

IS   Ich bin in sehr unterschiedlichen ländlichen Räumen unterwegs,
beispielsweise in peripheren Regionen und in wohlhabenden Gemeinden.
Themen wie Gesundheit, gesundes Altern oder Ärzt:innenmangel sind überall ein Riesenthema. Dabei ist auffällig, dass über soziale Infrastruktur
dann intensiv diskutiert wird, wenn sie weg ist oder bald wegbricht. Sobald
der Hausarzt in Pension geht oder ein Schulstandort schließt, wird in den
Landeshauptstädten diskutiert. In Liezen in der Steiermark, dem größten
Bezirk Österreichs, gibt es (noch) drei Krankenhäuser, die zusammenge-
legt werden sollen. Das erzeugte einen großen Aufschrei, Politiker:innen
wurden abgewählt und auf den Autos gibt es Aufkleber, ob man dafür oder
dagegen ist. Dabei sieht man, was solche Standortentscheidungen bewirken.
Manche Regionen und manche Gemeinden profitieren stark von solchen
Entscheidungen und andere verlieren viel. Da kommt einiges auf uns zu.

MM   Herr Schütz, Sie sind als Architekt für das neue Gesundheitszentrum in Haslach verantwortlich. Es wurde nicht neu gebaut, sondern
in den Bestand des Ortes integriert. Wie ist das gelungen und was bedeutet
dies für Haslach?

JS   Wir haben die alte Volksschule am Kirchenplatz saniert und
zur Primärversorgungseinheit umgebaut. Interessant sind die Synergien,

die rund um den Kirchenplatz entstanden sind. An Sonntagen kommen ungefähr 200 Leute zum Gottesdienst und mittlerweile ist es so, dass unter der Woche fast genauso viele Menschen das Gesundheitszentrum besuchen und damit den Ort beleben. Das Gesundheitszentrum hat auch keine eigenen Parkplätze. Die Menschen nutzen den Parkplatz der Kirche und gehen über den Platz zum Arzt. Man muss die Menschen bewusst in den öffentlichen Raum holen, damit sie sich begegnen und ins Gespräch kommen. Deshalb ist dieser Standort in Haslach unmittelbar neben der Kirche und dem Pfarrheim so wichtig.

MM   Herr Dickel, Sie arbeiten in der Poliklinik im Hamburger Stadtteil Veddel. Was bedeutet dieser Kontext für Ihre Arbeit und warum ist das Stadtteilgesundheitszentrum in dieser Nachbarschaft so wichtig?

PD   Die Veddel ist eine Elbinsel und ein alter Hamburger Hafenarbeiter-Stadtteil, der schon immer von Migration geprägt war. Heute kann man die Nachbarschaft als post-migrantisch bezeichnen und es werden ca. 80 Sprachen gesprochen. Gleichzeitig ist die Veddel einer der ärmsten Stadtteile Hamburgs, wurde jahrelang vernachlässigt und es gab kaum soziale Infrastrukturen. In diesem Umfeld gründeten wir, als Kollektiv, die Poliklinik. Unser interdisziplinäres Versorgungsangebot war Neuland im deutschen ärzt:innenzentrierten Gesundheitssystem.
       Seitdem sind wir stark gewachsen und haben mittlerweile 30 Mitarbeiter:innen. Wir bieten neben einer hausärztlichen Versorgung ein Community-Nursing-Projekt an und es arbeiten hier Hebammen, Psycholog:innen und Sozialarbeiter:innen. So verbinden wir eine primär-medizinische Versorgung mit Gemeinwesensarbeit. Wir gehen sehr viel raus aus dem Gesundheitszentrum und befassen uns mit Themen wie Wohnen, Umweltverschmutzung, Einflüsse aus dem Hafen, Arbeitsbedingungen, aber auch mit Rassismuserfahrungen.
       Der Fokus liegt auf Prävention und insbesondere auf Verhältnisprävention. Das bedeutet, nicht nur im Krankheitsfall zu versorgen, sondern mit den Leuten Gesundheit und Krankheit verhandelbar zu machen. Nach 30 bis 40 Jahren Neoliberalismus, Rückzug des Sozialstaats und Privatisierung von sozialen Einrichtungen denken wir Gesundheitszentren als neue Orte der Solidarität und des Zusammenkommens. Hier wird Gesundheit und Krankheit gemeinsam gestaltet und dafür braucht es Menschen, die solche Konzepte leben, inhaltliche Schwerpunkte definieren und nicht nur technisch umsetzen.

MM   Frau Plunger, wenn wir Gesundheitsinfrastrukturen und verhältnisorientierte Gesundheitsförderung zusammendenken – welche Rolle
spielen Primärversorgungszentren und andere Gesundheitsinfrastrukturen
in den gesundheitsfördernden Settings Quartier und Gemeinde?

PP   Ich denke da an das Konzept der Health Promoting Hospitals
(HPH). Das Netzwerk der gesundheitsfördernden Krankenhäuser und
Gesundheitseinrichtungen entwickelt schon seit vielen Jahren schöne An-
sätze, um über die Organisationen hinauszudenken. Ich würde das mit
Joan Tronto formulieren, die «Care» nicht nur als unmittelbare Sorgear-
beit beschrieben hat, sondern auch das «Sich-zuständig-Fühlen» oder das
Erkennen und Benennen von Problemen miteinbezieht. Ich finde, dass
Gesundheitseinrichtungen große Möglichkeiten haben, das Thema Gesund-
heit in einem sehr breiten Verständnis in Gemeinden hinauszutragen. Im
HPH-Konzept wird schon postuliert, dass Krankenhäuser und andere
Gesundheitseirichtungen wie Primärversorgungszentren oder Apotheken
über die Organisation hinausdenken und dass das Interesse an und die
Zuständigkeit für Gesundheit nicht an der Tür der jeweiligen Gesundheitseinrichtung enden.
        Das ist auch schon gelebte Praxis. Aus meiner Ursprungsprofes-
sion, der Apotheke, weiß ich, dass man im Arbeitsalltag immer andere
Fragen mitdenkt. Aufgrund der Komplexität des Versorgungssystems und
der teilweise schwer durchschaubaren Zuständigkeiten stellen Menschen
gesundheitsrelevante Fragen dort, wo es gerade möglich erscheint. Und
das ist oft die Apotheke, weil sie relativ niederschwellig ist.

links: Eingangsbereich des Primärversorgungszentrums Haslach a.d. Mühl, Architekturbüro ARKADE ZT GmbH
rechts: Eingangsbereich des PROGES-Gesundheitsbüros in Haslach a.d. Mühl

So beschäftigt man sich in der Apotheke plötzlich mit Fragen zu Pflege oder Pflegegeld, die die Apotheke zwar nicht bearbeiten, aber weitergeben kann. Deshalb braucht es gute Netzwerke, in denen unterschiedlichen Gesundheits- und Sozialberufe gemeinsam Themen behandeln. Darin sehe ich eine Riesenchance und glaube, dass schon viel passiert und man das oft nur hervorholen müsste.

JS   In Haslach sind wir dankbar, dass es neben dem Gesundheitszentrum am Kirchplatz auch das Gesundheitsbüro am Hauptplatz gibt. Dort wird ein schwellenloser Zugang zu Gesundheitsthemen ermöglicht. Es braucht keinen Grund, um dort hinzugehen, man geht mit Nachbarn oder Freunden einfach zum Yoga-Kurs oder zu einer anderen gemeinschaftlichen Aktivität. Gesundheit wird im gegenseitigen Austausch verstanden und gelebt. Es ist in Haslach nicht mehr vorstellbar, dass es diese Gesundheitseinrichtung nicht gibt.

Poliklinik Veddel: Empfangs-
und Kaffeebereich

Die Verortung von Gesundheit:
Zentren, grüne Wiesen und Netzwerke

MM   Herr Dickel, in ganz Österreich entstehen neue Primärversorgungseinheiten. Diese können als Zentrum oder als Netzwerk organsiert sein. Könnten Sie sich auch dezentrale Lösung vorstellen?

PD   Aus meiner Sicht sollte man für eine gute interdisziplinäre Versorgung Tür an Tür arbeiten. Wenn man die Ärztinnenzentrierung hinterfragt und man dem «Ich gehe zur Ärztin oder zum Arzt und die lösen alle Gesundheitsprobleme» etwas entgegenstellen will, braucht es interdisziplinäre Zentren, die Hierarchien aufbrechen, wo Leute miteinander reden, einen multiprofessionellen Blick entwickeln und Teambesprechungen machen. Ich glaube auch, dass man in einem Setting wie hier auf der Veddel, einem vernachlässigten, dicht bebauten Stadtteil, eine Art Marktplatz oder eine soziale Infrastruktur braucht, die tatsächlich einen konkreten physischen Treffpunkt bietet.

MM   Wir haben in Rahmen des Projekts zahlreiche neue Gesundheitseinrichtungen in Österreich besucht. Manche sind Teil des Gemeindelebens, andere scheinen mit dem Ort kaum etwas zu tun zu haben. Frau Stumfol, wie können Ortskerne und soziale Infrastruktur am meisten voneinander profitieren?

IS   Wenn die Gemeinde die Chance hat, eine Einrichtung zu bauen und somit einen Standort zu beeinflussen, muss man bedenken, dass solche sozialen Einrichtungen starke Frequenzbringer sind. Die Frage ist: Plane ich sie am Kreisverkehr beim Ortseingang, wo es viele Parkplätze gibt und ich vermeintlich einfach planen und bauen kann oder entscheide ich mich bewusst für den Ortskern und finde eine kluge Lösung.
        Ein Beispiel dafür ist der Kindergarten in Waidhofen an der Ybbs. Dort hat man sich für den Ortskern entschieden und gute Lösungen für die Parkplatzsituation oder den Spielplatz gefunden. Das ist zwar aufwendiger als ein Neubau auf der grünen Wiese, dafür kommt Leben in das Herz der Stadt.
        Es gib noch viele weitere Beispiele, von denen man lernen kann, und Expert:innen, die sich mit solchen Fragen befassen. Trotzdem müssen Gemeinde und Region offen für neue Lösungen sein und sich die nötige Expertise holen und leisten wollen.

Poliklinik Veddel: Standort in der Veddeler Brückenstraße

Gespräche

JS   Ich denke, dass auch die Einstellung gegenüber dem Bestand eines Ortes die Voraussetzung für gute Entscheidungen ist. Es geht um Gemeinden, die mehrere Jahrhunderte alt sind und immer als sozialer Raum und als Kommunikationsplatz funktioniert haben.

Dabei gibt es keine Alternative zur Bespielung der Erdgeschoss-ebene, der Ebene auf Augenhöhe, auf der sich Menschen begegnen. Für die Menschen ist es wichtig, dass sie Räume besetzen, selber teilhaben und andere teilhaben lassen. So muss auch der Ort die räumlichen Voraus-setzungen für Begegnungen schaffen, die für ein gesundes Leben so not-wendig sind.

IS   In dem Kontext würde ich auch fragen: Wie entwickeln sich Orte weiter? Während Corona wurde noch deutlicher sichtbar, dass wir ster-bende Ortskerne haben, weil die bis jetzt betriebene Form des Handels nicht mehr funktioniert. Auch das ist ein absolut wichtiges Thema, das wir in Bezug auf Gesundheitsversorgung diskutieren sollten. Was passiert, wenn der vierhundertste Klamottenladen auszieht, und kann daraus Platz für was Neues geschaffen werden? Erkennt man diese Möglichkeiten, ist die grüne Wiese am Ortsrand plötzlich nicht mehr die Alternative.

Institutionen, Initiativen und gesellschaftliche Verantwortung

MM   Wir haben jetzt über neue Formen der Primärversorgung ge-sprochen. Neben diesen meist institutionalisierten Einrichtungen entstehen auch weit verzweigte Netze informeller Sorgestrukturen. Frau Plunger, wie beeinflussen sich diese Entwicklungen gegenseitig?

PP   Da gibt es natürlich eine Bewegung in beide Richtungen. So ist es, polemisch gesprochen, für ein durchökonomisiertes Gesundheitswesen wunderbar, wenn möglichst viel ausgelagert werden kann. Deshalb gibt es auch eine kritische Diskussion über die Wiederentdeckung der informel-len Sorge-Netzwerke. Wenn öffentlich finanzierte Strukturen zurückgefah-ren werden, wird die Verantwortung immer weiter auf Kommunen bzw. auch auf Einzelpersonen übertragen, die Sorge tragen sollen, die aber auch Sorge tragen wollen.

Einerseits erleben wir eine immer weiter fortschreitende Spezi-alisierung. Das betrifft insbesondere die Medizin und deshalb finde ich es extrem wichtig, die Primärversorgung zu stärken. Ich glaube, dass das

Verständnis noch nicht ganz gesickert ist, was in der Primärversorgung eigentlich alles passiert, was von spezialisierten Einrichtungen, die natürlich auch ihren Wert haben, nicht geleistet werden kann.

Andererseits beobachten wir einen Hype um die Freiwilligentätigkeit und da bin ich durchaus ambivalent. Ich finde sie sehr wichtig und Menschen wollen andere unterstützen, das wissen wir aus vielen Gesprächen und Fokusgruppen mit betreuenden Angehörigen. Wir wissen aber auch, wie schwierig und anspruchsvoll das ist und wie schwierig Rahmenbedingungen sind, um z.B. Personen mit Demenz betreuen zu können. Auch weil der Raum, in dem sich die Angehörigen oder auch Menschen mit Demenz bewegen, immer enger wird. Es findet ein Rückzug ins Private statt, das hören wir gerade am Land immer wieder. Ein häufiges Zitat, bezogen auf soziale Kontakte, war: «Und dann waren sie auf einmal nicht mehr da…» Aber natürlich sind Menschen mit Demenz und betreuende Angehörige noch da, sie sind im öffentlichen Raum nur wenig sichtbar.

MM   Herr Dickel, wie sehen Sie die Planung von Gesundheitsinfrastrukturen im Spannungsfeld zwischen nachbarschaftlichen Initiativen und übergeordneten Gesundheits- und Versorgungsstrategien? Was sind Ihre Erfahrungen in der Poliklinik?

PD   Wir kommen aus der Bewegungspolitik. Das heißt wir glauben, dass gesellschaftliche Veränderung v. a. durch Basisbewegungen und von unten entsteht. Gleichzeitig formulieren wir auch realpolitische Richtungsforderungen und versuchen, stadtpolitisch Einfluss zu nehmen. Wir stellen uns den Diskussionen und werden dabei sehr wahrgenommen.

Das Zentrum auf der Veddel wurde relativ DIY-mäßig gegründet. Zu Beginn haben wir soziale, psychologische und ähnliche Beratungen angeboten und dafür von verschiedenen Stiftungen Förderungen bekommen. Letzten Endes stellten wir einen Sonderantrag auf Kassenzulassung bei der Kassenärztlichen Vereinigung Hamburg und bekamen einen Sitz. Mittlerweile ist die Stadt auf uns zugekommen und hat ein Förderprogramm aufgesetzt, welches genau diese Idee der Stadtteilgesundheitszentren aufgegriffen hat. Sie fördert in sieben Bezirken ähnliche Infrastrukturen. Das ist erstmal eine positive Entwicklung, gleichzeitig reicht der Fördertopf bei Weitem nicht aus. Wenn man bedenkt, wie viel unentgeltliche Arbeit bei uns geleistet wird, sind die Fördersummen Peanuts. Es ist auch schwierig, die Akteur:innen zu finden, die das so auf die Beine stellen können.

Trotzdem denken wir, dass solche neuen Ideen der Care-Infra-strukturen genauso ein Mix aus Bewegung und linker Realpolitik sein müssen und dafür muss das Geld für neue Infrastrukturen in die Hand genommen werden, was bisher nicht geschieht.

Eine Hoffnung wäre, dass ein Fazit aus der Pandemie-Situation und der ökologischen Krise ist, dass Care und Umweltschutz zentral Themen sind, die man finanzieren muss.

Natürlich kostet der Aufbruch in eine neue Care-Infrastruktur etwas, und wenn das nicht von staatlicher Seite kommt, dann muss man im Sinne einer neuen Gemeinnützigkeit neue Finanzierungsmöglichkeiten finden.

JS   Ich habe früher auch in der Raumplanung gearbeitet und in dem Zusammenhang auch das Problem gesehen, dass Grund und Boden nicht Allgemeingut sind. Dieser Grund und Boden, aber auch Gebäude, die im privaten Besitz sind, werden oft nicht mehr entsprechend als Angelegen-heit des sozialen Umfelds wahrgenommen und bespielt. Dabei wird ausge-grenzt und eingegrenzt und so scheitert die Raumplanung oft an Grund-stücksgrenzen und Besitzsituationen. Es geht um ein Verständnis für das Allgemeine wie Luft und Wasser oder auch Gesundheit, das allen zur Ver-fügung stehen sollte.

IS   Als Raumplanerin ist man nah an der Verwaltung und den poli-tischen Entscheidungsträgerinnen. Da kann man frühzeitig planen und muss vorausschauend in die Zukunft blicken. Die Sicherstellung von sozia-ler Infrastruktur ist eines der Kerngeschäfte der Kommunen oder Regio-nen. Die Bandbreite der Aufgaben ist riesengroß und reicht von Volksschule, Mittelschule, Gesundheitsversorgung, Bibliotheken, Beratungseinrichtun-gen, Kleinkinder-Krabbelstuben bis zu Weiterbildungsangeboten.

Dabei sind wir mit schrumpfenden Gemeindebudgets konfron-tiert und haben oft die Situation, dass in manchen Regionen die kritische Masse fehlt. Dann sind die Wege weit und man muss sich coole Konzepte überlegen. Für coole Konzepte ist die Raumplanung vorbereitet. Aber was das wirklich in einer Gemeinde bedeutet, das ist überall unterschiedlich und sehr menschenabhängig. Es gibt nicht *die* Lösung.

PD   Die Architektur sozialer Infrastrukturen braucht einen politischen Aufbruch und sollte diesen Gebäuden wieder einen Wert beimessen.
Das sind nicht irgendwelche Architekturen wie Einkaufszentren, mit
denen Geld gemacht wird, sondern sie zeigen, was Care für eine Gesellschaft bedeutet. Die Planung von Gesundheitseinrichtungen sollte man
nicht ökonomisieren, sondern zu Leuchttürmen der sozialen Infrastruktur
machen. Das wäre total in unserem Interesse.

Viele soziale Bewegungen haben eigene Infrastrukturen entwickelt. Wenn man zum Beispiel an die Arbeiter-Clubs in der Sowjetunion
und deren konstruktivistische Architektur denkt, dann waren das einerseits Bildungseinrichtungen, darüber hinaus aber auch Orte der Agitation
und Care- Arbeit. Die Architektur hat diese verschiedenen Funktionen
revolutionär neu abgebildet. Das waren gebaute Sprachrohre. Die Architektur war so, dass sich die Leute in den Räumen und auf den Balkonen
quasi organisch trafen. Davor hatten sie einen Platz, auf dem die Demons-
trationen endeten. Ich glaube, es braucht auch heute solche architektonischen Leuchttürme. Und die Frage ist, wie man so was realisiert und wer
den Anfang macht. Mich würde interessieren, wie ist eigentlich die Architektur von solchen Zentren in Österreich? Gibt es für die Primärversorgungszentren eine eigene Architekturidee, eine Debatte über Architektur und
Raumplanung?

JS   Wenn früher ein Stadtteil überlegt wurde, war es ganz logisch,
dass an der schönsten und wichtigsten Stelle das Vereinshaus entsteht,
in dem sich Alt und Jung bei Feierlichkeiten und anderen Aktivitäten treffen. Genau diese Vereinshäuser, besser gesagt die Standorte dieser Vereinshäuser, werden jetzt aufgegeben und oft an Investoren verkauft. Dann
werden die Vereinshäuser geschliffen und mehrgeschossige Wohnbauten
mit toten Erdgeschosszonen errichtet.

Wenn man solche Standorte aufgibt und das genaue Gegenteil
baut, entwickelt sich etwas in die komplett falsche Richtung. Diese Fehler
sind kaum wiedergutzumachen, sondern bleiben für die nächsten dreißig,
vierzig Jahre.

PP   Ich glaube aber auch, dass sich Gesellschaft weiterentwickelt,
das sehen wir sehr gut bei unserer Forschung in ländlichen Räumen.
Es gibt soziale Anlässe, die vielerorts nicht mehr existieren. Früher haben

zum Beispiel viele Organisationen in ländlichen Gemeinden einen Ball organisiert und deshalb gab es in der Ball-Saison viele Gelegenheiten, wo man sich getroffen hat. Das gibt es jetzt vielfach nicht mehr. Man muss also überlegen: Was ist es gegenwärtig, was uns in diesen ländlichen Gemeinden zusammenhält? Da gibt es auch positive Beispiele. So eines kenne ich aus Stainz in der Steiermark. Dort gibt es einen Nahversorger, der ein Buffet eingerichtet hat. Das ist wohl ein großer Erfolg, wie wir bei unseren Erhebungen gehört haben, und wurde zu einem neuen Begegnungsort. Die Menschen vor Ort sind sehr stolz und das größte Kompliment für diese Menschen ist, dass sogar Besucher:innen aus Graz zu diesem Buffet kommen.

PD   Soziale Begegnung ist absolut wichtig und wenn sich Leute treffen, bedeutet das schon Gesundheitsförderung. Aus der Perspektive der Gesundheitswissenschaften weiß man, dass Menschen in einem gesundheitsfördernden Setting, in dem sie aufeinander aufpassen, sich treffen und solidarisch sind, merken, dass sie mit ihren Problemen nicht allein sind und wesentlich gesünder sind als Menschen in Vierteln, in denen sich die Leute nicht kennen und nichts miteinander zu tun haben. Insofern würde ich sagen, dass die Versorgung der Zukunft Zentren und Orte braucht, in denen sich die Menschen über den Weg laufen. Denn die Gesundheit, Freiheit und Emanzipation sowohl des und der Einzelnen als auch der Gesellschaft hängen eng miteinander zusammen und entstehen durch die Schönheit neuer solidarischer kollektiver Ermächtigung.

JS   Für dieses Miteinander braucht es auch andere Einrichtungen, wie zum Beispiel die Gastronomie. Das sehen wir auch bei uns in Sankt Stefan. In dieser ganz kleinen Gemeinde hat der Wirt zugesperrt. Daraufhin hat eine Bürgergenossenschaft das Wirtshaus gekauft, hergerichtet, einen Nahversorger eröffnet und das Wirtshaus wieder aufgesperrt. Das Gesundheitsbüro ist mit einem Stammtisch im Wirtshaus präsent, um einzufangen, was die Leute für Probleme haben und Lösungen zu suchen. Das ist ein Treffpunk, der einfach ungemein gut funktioniert.

PP   Jetzt sehen wir, wie breit Gesundheitsinfrastruktur sein kann und das Gasthaus als Begegnungsort gehört auch dazu.

Tronto, Joan C. (2015): Who Cares?
How to Reshape a Democratic Politics.
Ithaca/London.

Initiativen, Experimente, Visionen. Planerische und räumliche Strategien zur Gesundheitsförderung

Neben der flächendeckenden Infrastruktur zur akuten medizinischen Behandlung wird es in der Gesundheitsförderung zunehmend wichtig, auch Strukturen zu etablieren, die mit dem Grundgedanken der Vernetzung und des sozialen Zusammenhalts informelle, niederschwellige Zugänge zu langfristiger und ganzheitlicher Gesundheitsversorgung schaffen. Ende des 19. Jahrhunderts gelang es Wissenschaftler:innen auf Grundlage neuer Entdeckungen und mit Hilfe neuer Forschungstechnologien leistungsfähige Erklärungs- und Diagnosemodelle zu entwickeln. Der Fokus auf die Erforschung von Infektionskrankheiten drängte soziale Erwägungen und Überlegungen zur Sozialpolitik in den Hintergrund und die Theorien der «sozialen Medizin» wurden diskreditiert. Diese Aufspaltung von gesundheitsrelevanten Einflüssen in eine medizinische und eine soziale Ebene bei gleichzeitiger Konzentration auf die medizinische als «erfolgreichere» Wissenschaft zur Gesundheitsförderung und -wieder- 79
herstellung führte in der westlichen Gesellschaft zu einem immer selbstverständlicheren Rückgriff auf medizinische Problemlösungen und eine immer weiter fortschreitende Medikalisierung[1] (Illich 1976). Viele chronische und degenerative Krankheiten, insbesondere Herz-Kreislauf-Erkrankung (z.B. Schlaganfälle) und Krebs, können jedoch – rein medizinisch – meist nicht geheilt werden. Die Lebensumstände stehen in starkem Bezug zu diesen Erkrankungsbildern und oft geht es eher darum, wie es sich damit bis ans Lebensende mit relativ guter Lebensqualität leben lässt. Wirksamere Strategien der Krankheitsvorbeugung sind essenziell, um der herrschenden Kostenkrise in der öffentlichen medizinischen Versorgung entgegenzuwirken (Crawford 1980). Soziale und kulturelle Praktiken und Thematiken haben immensen Einfluss auf die Bevölkerungsgesundheit und es gilt, diese wieder verstärkt ins Blickfeld zu rücken.

Die Ottawa Charta der WHO von 1986 formuliert den Kontext von Gesundheit folgendermaßen: «Gesundheit wird von Menschen in ihrer alltäglichen Umwelt geschaffen und gelebt: Dort, wo sie spielen, lernen, arbeiten und lieben. Gesundheit entsteht dadurch, dass man sich um sich selbst und für andere sorgt, dass man in die Lage versetzt ist, selber Entscheidungen zu fällen und eine Kontrolle über die eigenen Lebensumstände auszuüben, sowie dadurch, dass die Gesellschaft, in der man lebt, Bedingungen herstellt, die all ihren Bürger:innen Gesundheit ermöglichen.»[2]

Gesundheit im Alltag zu verankern, bedeutet somit auch die Miteinbeziehung der Orte und Räume, wo Gesundheit stattfindet und Menschen erreicht werden sollen. Ilona Kickbusch sieht in geeigneten Zugangsstrukturen den entscheidenden Schlüssel, um dies zu erreichen (2014). Einen Teil von gesundheitsförderlichen Lebenswelten (Settings) bilden Städte, Stadtquartiere, kleine Gemeinden, Dörfer mit öffentlichen Räumen, sozialer

Infrastruktur, Grünräumen und schlussendlich auch Gebäuden mit den darin möglichen Formen der (Be-)Nutzung. Insofern prägen Akteur:innen der Raumplanung, des Städtebaus und der Architektur durch die Schaffung von Atmosphären, die Erzeugung materieller Qualitäten sowie durch die verfügbaren Nutzungsangebote maßgeblich Gesundheit und Wohlbefinden. Die Herausforderungen des Wandels einer heterogenen Gesellschaft bestimmen die Anforderungen an unser Wohnumfeld in den verschiedenen Lebensstadien enorm.

«Durch sozialen Zusammenhalt die Gesundheit stärken» lautet das fünfte der Gesundheitsziele Österreich (gesundheitsziele-oesterreich.at) und hebt dadurch den Stellenwert von sozialem Zusammenhalt sowie der gesellschaftlichen Teilhabe aller Bevölkerungsgruppen für die Lebensqualität hervor (ebd.). In dieser Hinsicht haben Gesundheitseinrichtungen und -bauten mit einer sozialen Ausrichtung das Potenzial, zu Katalysatoren einer gesünderen Gesellschaft zu werden. Sei es, indem durch außerordentliche Bauwerke an strategisch guten Standorten zentrale Angelpunkte entstehen, indem Leerstände in Ortszentren durch bauliche Adaptierungen zu Anlaufstellen oder Treffpunkte für soziale Interaktionen werden, oder dass es durch niederschwellige Gesundheitsangebote zu einer verbesserten sozialen Vernetzung in Nachbarschaften kommt. Hierbei bildet nicht zuletzt ein gutes, offenes Nutzungskonzept, umgesetzt in ein räumliches Angebot, den wesentlichen Faktor, der diese Einrichtungen zu relevanten, alltäglichen Anlaufstellen werden lässt.

Letztendlich sind es die vorgefundenen Rahmenbedingungen, die eine entscheidende Rolle für den Erfolg innovativer Projekte spielen. Bevor diese in Verordnungen festgelegt werden können, müssen die Problemfelder identifiziert und beleuchtet werden. Die Gesundheitsziele bilden gute Anknüpfungspunkte dafür. Allerdings fehlt hier weitgehend die Verbindung mit räumlichen Aspekten, um in der planerischen Praxis Auswirkungen zu zeigen. Oftmals sind es Experimente, bottom-up initiiert von Gruppen oder Einzelpersonen, die sich später als vorbildlich herauskristallisieren. Es lohnt sich, diese Beispiele genauer anzusehen, einerseits um Planer:innen einen besseren Einblick in die Themenfelder dieser Einrichtungen zu geben und andererseits um zu überprüfen, was von diesen Projekten gelernt und in unserer Planungsexpertise aufgenommen werden kann.

Wie gesundheitsförderlich das Umfeld oder ein spezielles Bauwerk gestaltet sein kann, lässt sich gut an existierenden Institutionen untersuchen. Deren Nutzer:innen oder Bewohner:innen bewältigen ihren Alltag trotz physischer oder psychischer Einschränkungen und gewinnen durch die Anerkennung ihrer Bedürfnisse und die nötigen Zugeständnisse an

---

1   Medikalisierung ist ein Begriff für einen gesellschaftlichen Transformationsprozess, bei dem menschliche Lebenserfahrungen und Lebensbereiche in den Fokus systematischer medizinischer Erforschung und Verantwortung rücken, die vorher außerhalb der Medizin standen. Ivan Illich, Philosoph, Theologe und Priester prägte diesen Begriff.
2   Ottawa Charta zur Gesundheitsförderung 1986
3   siehe Katalog S. 124
4   siehe Katalog S. 134

Selbstständigkeit und damit an Lebensqualität. Damit sich solche Beispiele vervielfältigen lassen, gilt es, die räumlich relevanten Aspekte spezifischer Projekte zu identifizieren und im Weiteren in allgemein gültige Grundlagen zu übertragen. Die diskutierten Beispiele des folgenden Gesprächs befinden sich in der Sphäre zwischen Wohnen und Öffentlichkeit – also dort, wo sozialer Zusammenhalt, Teilhabe und Gesundheit eine besonders große Rolle spielen. Anhand dieser Auswahl von Projekten wird dargelegt, was Architektur im Kontext von Gesundheit leisten kann, wo Potenziale des gebauten Raums liegen und wie sich diese auf die Nutzer:innen auswirken.

Was kann Architektur im Alltag leisten, um gemeinschaftliches Leben zu unterstützen? Was bedeutet es, seine gewohnte Lebensumgebung aufzugeben und was hilft dabei, sich in einer neuen Umgebung einzuleben? Wie kann das Zusammenleben einer Gruppe durch Architektur unterstützt werden? Wie können digitale Angebote einen niederschwelligen Zugang zur Gesundheitsversorgung erleichtern? Welche Möglichkeiten innovativer Regelwerke gäbe es, um einerseits Hürden im Prozess der Entstehung zukunftsweisender Projekte zu beseitigen und andererseits Experimente zu befördern?

Es sprachen Alexandra Partsch, Leiterin des Mitdafinerhus in Dafins[3] in Vorarlberg, Stefan Marte, Architekt und Mitinitiator des Mitdafinerhus, Wilhelm Schlagintweit, Pharmazeut und Gründer der Apotheke zum Löwen von Aspern[4] sowie Anna Fox vom Bundesministerium für Soziales, Gesundheit, Pflege und Konsumentenschutz, zuständig für die Umsetzungskonzepte und Prozesskoordination der Gesundheitsziele Österreich.

Crawford, Robert (1980). Healthism and the Medicalization of Everyday Life. International Journal of Health Services, vol.10, no. 3, S. 365–388.

https://gesundheitsziele-oesterreich.at (20.08.2022)

Illich, Ivan (1976). Medical Nemesis – The Expropriation of Health. New York. https://1lib.at/ireader/13454005

Kickbusch, Ilona (2014). Gesundheitsförderliche Politik: Die Aufgabe des Staates. In: Kickbusch Ilona; Hartung Susanne (Hg.): Die Gesundheitsgesellschaft – Konzepte für eine gesundheitsförderliche Politik. 2. Auflage, Göttingen, S. 143–149.

Das Mitdafinerhus in Dafins, Marte.Marte Architekten ZT GmbH

ET   Eveyln Temmel   AP   Alexandra Partsch
AF   Anna Fox   WS   Wilhelm
SM   Stefan Marte   Schlagintweit

Anfänge und der feine Unterschied   83

ET   Herr Marte, das Projekt Mitdafinerhus geht auf die Initiative
einer Gruppe von Leuten aus dem Dorf zurück und Sie waren maßgeblich
daran beteiligt, dieses Vorhaben in die Tat umzusetzen. Was waren dabei
die Herausforderungen für Sie als Architekt und Mitinitiator, aber auch hinsichtlich der Finanzierung?

SM   Bei dem Projekt bin ich viel weniger Architekt als vielmehr Mitinitiator, wir sind da kollektiv reingerutscht. Das Mitdafinerhus war ursprünglich ein Bauernhaus, dann viele Jahrzehnte das Ferienheim vom
Kinderdorf. Nachdem es nicht mehr gehalten werden konnte, ging es mit
Spekulationen los, was mit diesem Haus mitten im Dorf passiert. So ist
die Idee aufgekommen, dass man ein betreutes Wohnen anbieten könnte.
Wir haben uns auf dieses Abenteuer eingelassen, ohne zu wissen, was
auf uns zukommt, und es war dann deutlich schwieriger als gedacht. Zum
Beispiel wurde als Unterstützung ein ortsansässiges Pflegeheim und
dessen Geschäftsführer zum Gesellschafter. Wir haben uns architektonisch
definitiv zurückgenommen und versucht, der Sache zu dienen, hatten
ein sehr gutes Konzept entwickelt, wo wir sehr behutsam mit dem Bestand
umgegangen sind. Dabei sind elf unterschiedliche Wohnungen mit unterschiedlichen Größen herausgekommen. Die Geschäftsführung forderte jedoch elf gleich große Einheiten. Um diese Gleichförmigkeit der Wohnungen zu gewährleisten, mussten wir energisch in das Haus eingreifen. Wir
haben individuelle Bewohner, genauso hätten wir individuelle Wohnungen
anbieten können. Schlussendlich haben wir diesen Wunsch nach gleich
großen Wohneinheiten mit sehr großem Aufwand umgesetzt. Das Finan-
zierungsmodell hat nicht wirklich funktioniert, weil es für diese Wohn-
form die Förderungen so nicht gegeben hat und wir sind zwischen allen

3   **Initiativen, Experimente, Visionen**

Stühlen gesessen. Durch Johannes Ouschan, Unternehmensberater aus Dafins, kam es dann zu einer Lösung. Er hat Unglaubliches geleistet – auf politischer Ebene und generell. Und jetzt sind wir da, wo wir sind.

ET   Frau Partsch, wie funktioniert das Zusammenleben der Bewohnerinnen und Bewohner im Mitdafinerhus?

AP   Meine Aufgabe ist es, das Mitdafinerhus möglichst nachhaltig zu vermieten und die Gruppe zu moderieren. Es liegt in Dafins auf 800 Meter Seehöhe mit elf eigenständigen kleinen Wohnungen zu je 42 Quadratmetern. Ursprünglich war es konzipiert für eine Art betreutes Wohnen, aber so, wie es sich weiterentwickelt hat, würde ich das Mitdafinerhus nicht dazu zählen. Wir haben hier keine bestimmte Altersgruppe, Pflegestufe oder Krankheitshintergrund, sondern Menschen, die entschieden haben, dass es für sie besser ist, nicht mehr ganz alleine zu sein, selbstständig zu wohnen, aber die Unterstützung ihrer Mitbewohner:innen oder einer Ansprechperson zu haben. Wir sind in der Lage, die Bewohner:innen so zu betreuen, wie es individuell notwendig ist. Es gibt eine geringe Basismiete mit Betriebskosten, eine Betreuungspauschale und zukaufbare Leistungen wie Essen auf Rädern, Krankenpflege, Verein Mobiler Hilfsdienst, was eben notwendig ist, um das tägliche Leben zu gestalten.

SM   Ich glaube, es ist ein schönes Haus. Wir haben immer eine gute Mischung von Bewohner:innen. Alexandra ist der gute Geist, wenn man so will. Sie betreut sehr wohl – nicht physisch, aber psychisch. Das haben wir uns auch anders vorgestellt: Wir haben gedacht, da kommen Menschen, die eben nicht mehr zu Hause sein können, weil sie es körperlich nicht mehr schaffen, wir bieten ihnen eine kleine Wohnung an, behindertenge-

Die «Rückseite» des Hauses
mit Blick zur Kirche im Ortszentrum

recht mit Aufzug und einem gewissen Maß an Gemeinschaft, deshalb auch dieser Gemeinschaftsraum. Aber das alles ist natürlich nichts wert, wenn nicht jemand da ist und das wirklich betreut.

ET   Herr Schlagintweit, die Apotheke zum Löwen von Aspern ist ein Projekt von Artec Architekten und wurde bereits vor achtzehn Jahren eröffnet, trotzdem ist es nach wie vor ein visionäres Beispiel einer Apotheke – architektonisch, aber auch programmatisch, wie kam es dazu?

WS   Richard Manahl und Bettina Götz konnten eine Apotheke umsetzen, die funktional betrachtet mit einer herkömmlichen Apotheke wenig zu tun hat. Wir haben große, freie Räume, die Selbstbedienung zulassen, es gibt einen Seminarraum und einen Kräutergarten. Um diese zusätzlichen Raumangebote zu bespielen, war ich gezwungen, ein neues Konzept für die Apotheke zu entwickeln. Es ist eine Apotheke im Zentrum von Aspern, einem Vorort von Wien, und dorthin habe ich Menschen eingeladen, sich dem Thema Gesundheit von einer anderen Seite anzunähern. Es wurden Yoga- und Qigong-Kurse angeboten, es gab musikalische Früherziehung für Kinder, Seniorenturnen, Lesungen, Konzerte u.v.m., und das alles wurde zu einer Kultur in der Vorstadt. Die Apotheke steht heute unter neuer Leitung und wird anders geführt. Der Kräutergarten hat sich als Kräuterwerkstatt für Kinder etabliert. Die Voraussetzung für dieses Gesamtkonzept war die Architektur. Diese hat sich bezahlt gemacht. Am Anfang haben das meine Partner – ein großer Konzern – nicht geglaubt, später waren sie dann überzeugt.

ET   Frau Partsch, wie würden Sie die Typologie des Mitdafinerhus beschreiben, wenn Sie es nicht zum betreuten Wohnen zählen. Was macht den Unterschied aus?

AP   Das Mitdafinerhus ist für mich sehr respektvoll adaptiert worden in dem, was es sein musste. Bei uns finden die Menschen, die hierher kommen, nichts wahnsinnig Neues vor. Denn wenn sie sich in einem bestimmten Alter dazu entscheiden, von zu Hause wegzugehen, ist das ein Riesenschritt, bis sie überhaupt bereit sind, das zu tun. Wenn Sie mich fragen: Was brauchen wir und für wen sollen wir bauen? Einfamilienhäuser, unter Anführungszeichen. Es geht darum, Raum zu haben für mehrere Wohneinheiten, die Möglichkeit, dass die Bewohner:innen sich treffen können. Nicht in einem Aufenthaltsraum, sondern am liebsten in einer Küche. Die Idee von euch, Stefan, da unten die Gemeinschaftsküche zu

machen, ist für mich das Nonplusultra. Das ist wirklich wie in einem Einfamilienhaus. Oben sind die «Kinderzimmer», unten ist die «Mutter»,
wenn man so will, da ist die Küche. Es wohnen hier also schon große Kinder, die selbstständig sind, die kommen und gehen, wann sie es wollen,
aber sie sagen es ihren «Geschwistern», die in der Küche unten gerade
Zeitung lesen: «Ich bin jetzt mal zwei Tage weg» oder auch: «Ich muss
was Schweres transportieren, kannst du mir helfen?» So wie uns das
Mitdafinerhus leben lässt, lässt es sich sehr natürlich und ohne große Um-
stellung leben. Ich lebe meinen Tagesablauf so, wie ich das möchte. Der
Rückzug in die eigenen vier Wände, idealerweise mit einer kleinen Küche,
ist ganz wichtig. Und der Kontakt nach außen durch diese Gemeinschaftsküche. Im Erdgeschoss beim Eingangsbereich gibt es ein großes Fenster
in diese Gemeinschaftsküche und das ist für mich der absolute Hit, denn
sonst könnte Leben in dieser Küche unter fremden Menschen nicht
stattfinden. So komme ich nach Hause, sehe «aha, da sitzt der, aber auch
die», gehe weiter oder «ah, da sitzt der und der» und setze mich dazu.
Ohne dass ich vorher die Türe öffnen, Kontakt aufbauen, mich erklären
muss. Alle baulichen Möglichkeiten, die dabei helfen, natürliche und
zufällige Kontakte zu ermöglichen, sind meines Erachtens sehr lebens-
und kontaktunterstützend.

SM   Wir haben beim Haus diesen wunderschönen Garten – ein
Hauptpotenzial – und einen etwas kleineren, geheimen Garten ums und
hinterm Haus, mit dem Sitzplatz auf der Schattenseite, aber zum Dorf
hin orientiert, privat, dass es eine klare Schwelle gibt, aber sehr wohl auch
gut, um zu kommunizieren: Man ruft sich zu oder lädt auf ein Bier ein.
Das ist dieses Maß, das Alexandra beschrieben hat. Mit dem ganz simplen
Fenster im Windfangbereich, das es braucht, damit man entscheiden
kann: will man seine Ruhe oder sucht man Kontakt. Das ist sehr wichtig.

Straßenseitiger Zugang zur
Apotheke zum Löwen von
Aspern, ARTEC Architekten

ET   Die Verortung der Einrichtung und die Möglichkeiten zur Mobilität bzw. die Anbindung an das öffentliche Verkehrsnetz spielen natürlich
eine große Rolle. Was bedeutet das in Ihrem Kontext, Frau Partsch?

AP   Was man betrachten muss ist, wie groß ist der Aktionsradius?
Klein! Wir haben in Steinwurfweite einen Dorfladen, der durch eine Bürgerinitiative hier oben realisiert wurde. Wir haben gleich davor die Busstation, das war's. Hier können Menschen, die mit dem Rollator oder mit
dem Rollstuhl unterwegs sind, sich selbstständig versorgen. Wenn dieses
Haus in Feldkirch stünde, das ist eine kleine Stadt in Vorarlberg, im Zentrum und fußläufig für Sie und mich drei Minuten von der Marktgasse
entfernt, könnten sich manche Menschen nicht selbst versorgen. Denn der
Weg mit dem Rollator über das Kopfsteinpflaster zum nächsten Lebensmittelgeschäft wäre viel weiter als hier. Also die Zentralität ist nicht gemessen an der Lage in einem Dorf oder einer Stadt, sondern daran, wie
weit man hat, um sich selbst zu versorgen. Ziel ist, die Menschen möglichst gesund und selbstständig zu halten, einerseits damit sie das eigene
Leben möglichst sinnbringend und selbstgewählt gestalten können und
andererseits, um dadurch auch die sozialen Töpfe zu schonen.

ET   Frau Fox, wo setzen die «Gesundheitsziele Österreich» mit
der «Health in all Policies»-Strategie an, um zu einer breiten, wohnortnahen Grundversorgung und einer sozialen Vernetzung der Gesellschaft
beizutragen?

AF   Die Gesundheitsziele sind ein Prozess, in dem es darum geht,
Gesundheitsüberlegungen in andere politische Sektoren und Gesellschaftsbereiche zu integrieren, was z.B. auch Stadtplanung und bauliche
Umwelt betrifft. Das Ziel ist eine gesundheitsförderliche Gesamtpolitik.
Das heißt, mehr gesunde Lebensjahre zu erreichen sowie die Lebensqualität und das Wohlbefinden zu erhöhen und dafür in den Settings[1] anzusetzen. Also überall dort, wo Menschen wohnen, lernen, arbeiten, spielen.
In der kommunalen Gesundheitsförderung z.B. gibt es in Wien durch die
Wiener Gesundheitsförderung und in Gesamtösterreich durch den FGÖ
– Fond Gesundes Österreich – einiges an Aktivitäten, ausgehend von den
Fragen: Wie sind öffentliche Plätze gestaltet? Wie ist der Zugang zum
Grünraum? Und hier ist es aus Perspektive der gesundheitlichen Chancen-

gerechtigkeit besonders wichtig, dass sozial benachteiligte Gruppen berücksichtigt werden und es eine Lobby für sie gibt. Auch in anderen wohnortnahen Bereichen werden Akzente gesetzt und es wird versucht, Lösungsvorschläge zu entwickeln. Zum Beispiel, wie man in Folge der Corona-Krise dazu beitragen kann, dass Menschen ihre Wohnungen nicht verlieren, oder in Bereichen der Stadtteilentwicklung mit Hinblick auf Klimaanpassung.

SM   Wir haben es relativ komfortabel gehabt in der Corona-Zeit, da wir sehr viel Grün um uns herum haben in Vorarlberg. Keine hoch verdichteten Stadtbereiche, keine wirklich urbanen Zonen. Trotzdem gibt es auch bei uns Menschen, die in kleinen Wohnungen leben. Wenn wir uns Sorgen um die Gesundheit der Menschen machen, liegt es nicht unbedingt am Gesundheitswesen oder an der medizinischen Versorgung, sondern vielmehr am alltäglichen Leben. Im Wohnsektor, an den Arbeitsplätzen, dort, wo die Menschen einen großen Teil ihrer Lebenszeit verbringen. Natürlich gibt es Wohnungsangebote auf hohem Niveau, aber diese sind hochpreisig.

Wir sind in Vorarlberg innovativ unterwegs was Architektur im Allgemeinen betrifft, aber speziell im verdichteten Wohnbau ist mein persönliches Gefühl, dass wir nicht sehr innovativ sind, weil es vom Markt gesteuert wird.

Es gibt auch sehr ambitionierte gemeinnützige Bauten, welche bei uns in Vorarlberg und auch in Wien oft von hoher Qualität sind. Aber es gibt auch eine sehr große Grauzone dazwischen. Und da ist bis jetzt nichts bis wenig wirklich zwingend vorgesehen: Welche Wohnung muss welchen Freiraum haben? Sei es ein Balkon oder ein in einer gewissen Distanz erreichbares Grün oder ein richtiger Spielplatz. Es ist relativ ernüchternd, was passiert, weil wir alle wissen, was möglich wäre. Es gibt diese Projekte aus Frankreich, die zeigen, wie 70er Jahre-Wohnblöcke durch zusätzliche Außenräume, vorgelagerte Terrassen, gefühlt mit sehr überschaubarem Aufwand, wunderschön, ganz einfach eine Lebensqualität bringen für Jung und Alt, die unbeschreiblich ist. In diese Richtung könnte man noch viel bewegen, um die Gesundheit der Österreicher und Österreicherinnen wirklich zu verbessern. Es scheint wahnsinnig schwer zu sein, wirklich Vorgaben zu machen oder Belohnungssysteme und Förderungen, die dazu führen würden, dass nicht die Rendite an erster Stelle steht, sondern zuerst einmal die Wohn- und Lebensqualität all derer, die nicht ganz so gut gestellt sind bei uns im Land.

AF   Ein weiterer Fokus liegt z.B. auch auf der psychischen Gesundheit von Kindern und Jugendlichen, gerade weil Kinder und Jugendliche durch die Corona-Pandemie besonders stark betroffen waren und sind. Während der Lockdowns waren sie isoliert, einerseits durch die Schließung der Schulen und andererseits durch fehlende Möglichkeiten, sich draußen zu bewegen. Gerade für sozial benachteiligte Kinder und Jugendliche ist die Gestaltung des öffentlichen Raums in so einer Situation sehr wichtig und dass es ein Angebot an Freizeitmöglichkeiten im Freien gibt. Im Gesundheitsziel 8 gibt es ein Wirkungsziel zur Schaffung von bewegungsförderlichen Lebenswelten sowie einen nationalen «Aktionsplan Bewegung». Darin sind Maßnahmen festgeschrieben, die auf die Raumplanung und die Planung von Krankenanstalten Bezug nehmen. Und auch im Gesundheitsziel 9 – «Psychosoziale Gesundheit» – sehe ich einen starken Bezug zu Architektur und Raumplanung sowohl wenn es um die Gestaltung von Psychiatrien geht als auch, ganz allgemein, wenn wir bei der Gesundheitsförderung in Krankenanstalten bleiben, um die Raumgestaltung insgesamt, die natürlich einen Einfluss auf psychisches Wohlbefinden hat.

Der Kräutergarten am Dach der Apotheke, ARTEC Architekten

SM   Im Gesundheitswesen habe ich zu wenig Einblick. Wir bauen zwar gerade das LKH Feldkirch weiter und das LKH Rankweil neu, wo gerade eine Erwachsenen-Psychiatrie und eine große Station der Kinder- und Jugendpsychiatrie neu realisiert werden. Wir bemühen uns, echte Qualitäten anzubieten, damit Patienten und Patientinnen nicht gesundheitlich schlechter dastehen, wenn sie in das Gebäude reingehen, sondern das Gebäude einen gewissen Optimismus ausstrahlt und ihnen hilft, wieder durchzuatmen.

Auch mit dem Krankenhaus Dornbirn sind wir schon mehrere Jahre befasst. Wir haben einen ganzen OP-Bereich neu gebaut und dort stößt man an die Grenzen. Die handelnden Personen berufen sich auf irgendwelche Normen und Vorgaben, die Dinge unmöglich machen, weil sie im Alltagsbetrieb nicht hundertprozentig erprobt sind. Alles, was man da einbringen will, z.B. Holz, was absolut funktionieren würde, wird abgeblockt. Was man mittlerweile aber schon umsetzen kann, ist eine bessere Belichtung aller Räumlichkeiten und eine hohe Wertigkeit der Patientenzimmer. Aber das Spektrum der Materialien ist leider extrem eingeschränkt. Die Schweizer sind da um vieles mutiger. Da können wir sehr viel lernen.

Potenziale des digitalen Raums und der Bestand als Ressource

ET   Auch ein niederschwelliger Zugang zur Gesundheitsversorgung ist ein Schlüsselfaktor, wenn es um die öffentliche Gesundheit geht. Die Apotheken leisten hier eine wichtige Vernetzungsfunktion. Herr Schlagintweit, wo sehen Sie hier Entwicklungsmöglichkeit für die Zukunft?

WS   Ich bin mittlerweile in Pension, habe aber noch eine Apotheke in der Seestadt, geplant von POS architekten. Der Start verlief in Form eines Baugruppen-Projekts. Hier beschäftige ich mich mehr mit der Digitalisierung, mit der Vernetzung zwischen Apotheke, Ärzt:innen und Kund:innen. Aus einem pragmatischen Zugang – einem Webshop – haben sich für mich neue Ansätze entwickelt, z.B. das E-Rezept; oder wenn Kund:innen mit Beschwerden in die Apotheke kommen, die ich als Apotheker nicht behandeln kann, können über die Plattform drd.at Videokonferenzen zwischen Kund:innen und Ärzt:innen abgehalten werden. Zum Thema der Telepharmazie arbeiten wir mit der Gruppe Scarletred zusammen. Zu Menschen, die nicht mehr mobil sind, können wir eine Videozuschaltung von der Apotheke aus machen und sie so zu Hause beraten. Telemonitoring von Blutdruckpatienten, also die digitale Überwachung des Blutdrucks, oder

Hautdiagnose mittels bildgebender Verfahren über eine «Haut-App» sind Projekte, die im Werden begriffen sind, und wir versuchen, hier eine Vorreiterrolle einzunehmen. Was wir dazu brauchen sind die Räume. Ich bin der Meinung, dass es eine Aufgabe der Architektur ist, diese Räume zu gestalten.

AP   Ich würde unser Haus gerne noch bunter gestalten. Von der Altersstruktur her und von den Voraussetzungen der Bewohnerinnen und Bewohner. Aber meine Vision geht über das Mitdafinerhus hinaus: Die Menschen werden älter, Häuser sind oft zu groß, manchmal nur noch von einer Person bewohnt. Diese Situation gibt es schon lange und mich beschäftigen die Fragen: Was haben wir zur Verfügung und wieso verdichten wir nicht diesen Bestand nach? Was kann man innerhalb gewisser Rahmenbedingungen umsetzen? Wie kann man Vorgaben adaptieren? Und vor allem: Wie kann man die aktive Generation, wo mittlerweile oft Vater und Mutter berufstätig sind, so unterstützen, dass die Kinder und die Alten nicht darunter leiden, sondern voneinander lernen können und sich gegenseitig unterstützen? Das Mitdafinerhus, das eigentlich eine Drehscheibe zur Diskussion und zur Unterhaltung sein soll, ist prädestiniert dafür, Anregungen zu schaffen und die Gesellschaft und die Politik für diese Themen zu sensibilisieren.

SM   Wir überlegen auch immer, wie man was verbessern kann. Wir wollen uns als Architekten nicht rausnehmen aus dem Spiel, aber oft ist das Verweigern bei Projekten, die man nicht so mittragen kann, auch nicht zielführend. Im Endeffekt geht es darum: Was verlangen die Menschen? Man müsste die Menschen, die in diesen Häusern wohnen sollen, dazu bringen zu realisieren, was sie haben könnten. Es braucht nicht viel, es ist auch nicht das große Kostenproblem, um zu einer besseren Lebensqualität zu kommen. Sie müssten es aber einfordern und das ist schwierig. Es gibt schon viele Initiativen, zum Beispiel das Urban Gardening. Wieviel hunderttausende Quadratmeter ungenutzter, brachliegender Dachflächen wir haben, versiegelte Flächen im Stadtraum, die niemandem etwas nützen … In diese Richtung muss stärker gearbeitet werden, dann hat man fast unbegrenzte Möglichkeiten.

---

1   Lebensbereiche, in denen Menschen einen großen Teil ihrer Zeit verbringen und die sich auf ihre Gesundheit auswirken.

3

Katalog

Anhand von zwanzig Beispielen wird ein Überblick über Entwicklungen und Projekte in der österreichischen Gesundheitsversorgung und Pflegelandschaft geboten. Die Beispiele werden mittels eines Lageplans (Kontext), einer Axonometrie (dreidimensionale, abstrahierte Form), Grundrissen (Organisationsstruktur) und eines kurzen Texts erläutert. Zusätzlich sind Daten aufgelistet, die einen Vergleich der Projekte ermöglichen, obwohl sich die Beispiele in ihren Programmen, ihrer Größe und Lage, ihren Errichtungs- oder Umbaukosten unterscheiden. Was sie jedoch eint, ist ihre Beispielhaftigkeit. Diese war auch das maßgebliche Kriterium bei der Auswahl der Projekte: Der Anspruch ist nicht, die österreichischen Gesundheitseinrichtungen in ihrer Vielzahl abzubilden, sondern jene zu zeigen, die inspirieren und zur Disskusion anregen.

Übersichtskarte

94

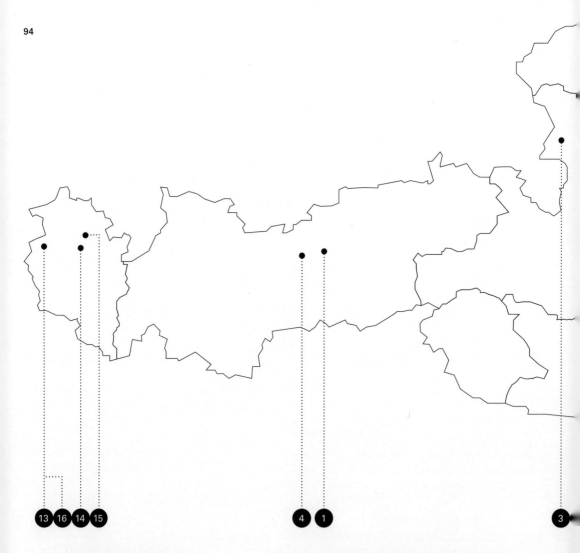

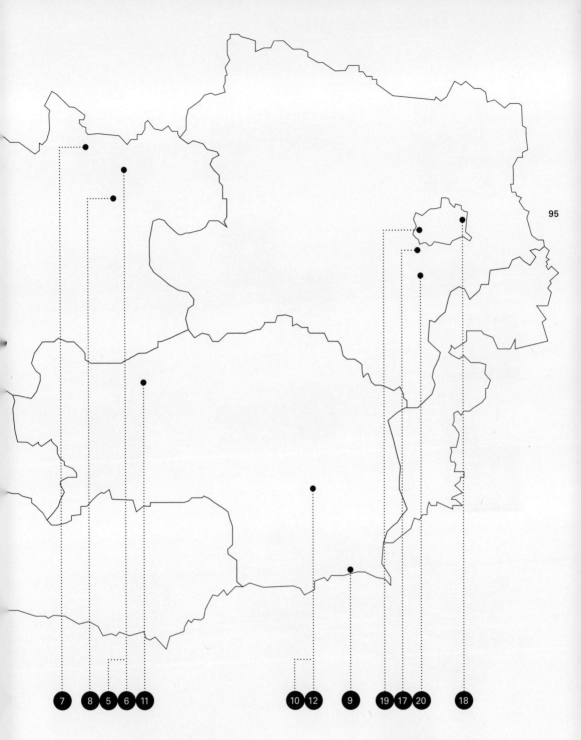

12	Altenpflegeheim Erika Horn, Graz
13	Mitdafinerhus, Dafins
14	Haus Mitanand, Bezau
15	Sozialzentrum, Egg
16	Vorderlandhus, Röthis

17	Pflege- und Förderzentrum, Perchtoldsdorf
18	Apotheke zum Löwen von Aspern, Wien
19	Geriatriezentrum Liesing, Wien
20	Sozialzentrum, Traiskirchen

Übersichtskarte

Größenvergleich

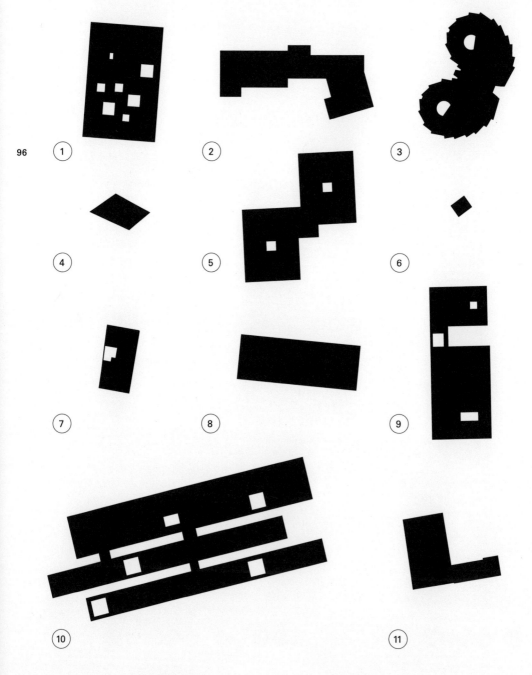

1	Hospizhaus, Hall in Tirol	6	Mehrzeller Nachbarschaft, Bad Zell
2	Wohnhaus St. Cyriak, Pfarrwerfen	7	Gesundheitszentrum, Haslach a. d. Mühl
3	Seniorenwohnhaus Nonntal, Salzburg	8	Gesundheitszentrum, Enns
4	Haus f. psychosoziale Begleitung & Wohnen, Innsbruck	9	Gesundheitszentrum, Mureck
5	Haus für Senioren, Bad Zell	10	Gesundheitszentrum Josefhof, Graz
		11	Gesundheitszentrum, Admont

12	Altenpflegeheim Erika Horn, Graz
13	Mitdafinerhus, Dafins
14	Haus Mitanand, Bezau
15	Sozialzentrum, Egg
16	Vorderlandhus, Röthis

17	Pflege- und Förderzentrum, Perchtoldsdorf
18	Apotheke zum Löwen von Aspern, Wien
19	Geriatriezentrum Liesing, Wien
20	Sozialzentrum, Traiskirchen

Größenvergleich

Hospizhaus
Hall in Tirol

FUNKTION	Hospiz- und Palliativeinrichtung	ARCHITEKTUR	Caspar Wichert Architektur ZT GmbH
ORT	Hall in Tirol	LANDSCHAFTSARCHITEKTUR	Barbara Bacher
EINWOHNER:INNEN	14.243	BAUHERRSCHAFT	Tiroler Hospiz-Gemeinschaft
GEMEINDEFLÄCHE	6 km²	VERFAHREN	EU-weiter, offener, zweistufiger Realisierungswettbewerb im Oberschwellenbereich
BUNDESLAND	Tirol		
ADRESSE	Milser Straße 23	BETREIBERIN	Tiroler Hospiz-Betriebs- gesellschaft mbH
FERTIGSTELLUNG	2018		
BRUTTOGESCHOSSFLÄCHE	4.301 m²		
BAUKOSTEN	€ 13.575.000		

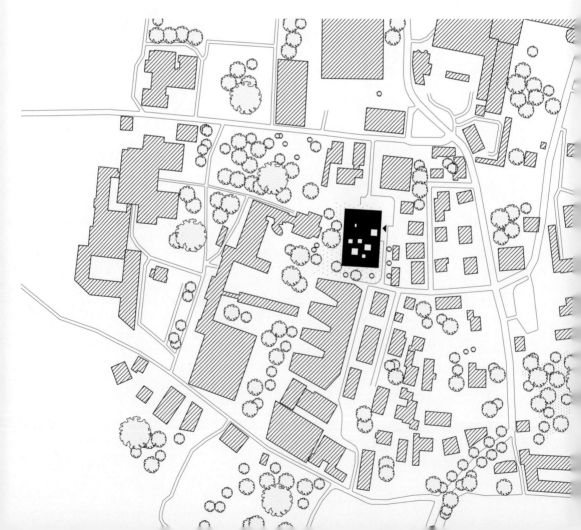

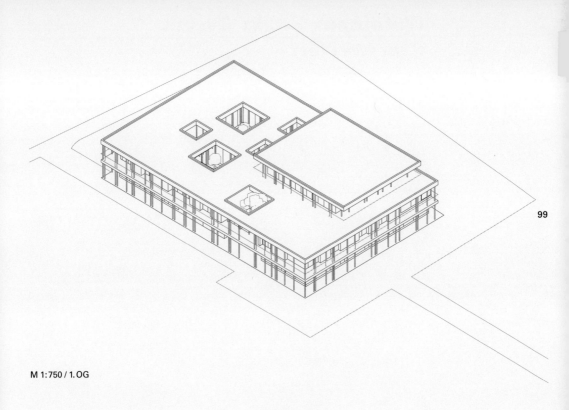

M 1:750 / 1.OG

Die Hospiz- und Palliativstation entstand zwischen 2015 und 2018 am Gelände des Landeskrankenhauses Hall in Tirol. In ruhiger Lage und mit Blick ins Grüne verfügt der zweigeschossige Bau über großzügige, mit Betten befahrbare Balkone sowie Gemeinschaftsbereiche, die zu sechs Innenhöfen hin orientiert sind. Das Erdgeschoss umfasst Cafeteria und Tagesbetreuung, darüber sind die Bereiche der Bewohner:innen und am Dach Schulungsräume mit großzügiger Terrasse. Die Höfe und die offenen Bereiche im Inneren schaffen eine freundliche, würdevolle Atmosphäre. Das Projekt wurde unter enger Einbeziehung der Mitarbeiter:innen entworfen.

1   **Hospizhaus**   **Hall in Tirol**

Wohnhaus Sankt Cyriak
Pfarrwerfen

FUNKTION	Pflegeeinrichtung		ARCHITEKTUR	Gerhard Mitterberger ZT GmbH
ORT	Pfarrwerfen		BAUHERRSCHAFT	Gemeindeverband Senioren-wohnhaus Pfarrwerfen/ Werfenweng
EINWOHNER:INNEN	2.511			
GEMEINDEFLÄCHE	38 km²		VERFAHREN	EU-weiter Wettbewerb
BUNDESLAND	Salzburg		BETREIBER	Gemeindeverband Senioren-wohnhaus Pfarrwerfen/ Werfenweng
ADRESSE	Dorfwerfen 184			
FERTIGSTELLUNG	2016			
BRUTTOGESCHOSSFLÄCHE	3.386 m²			

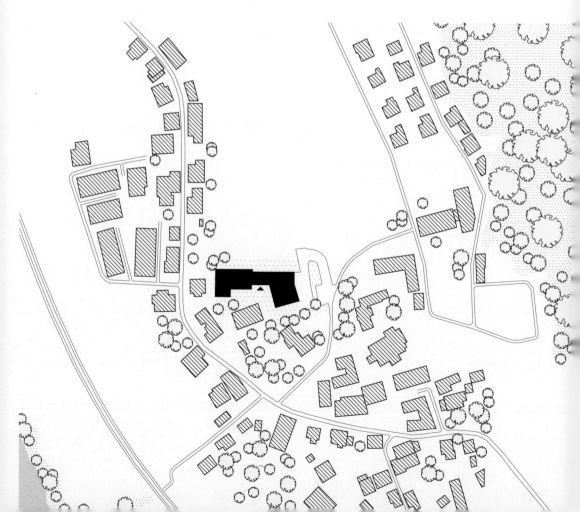

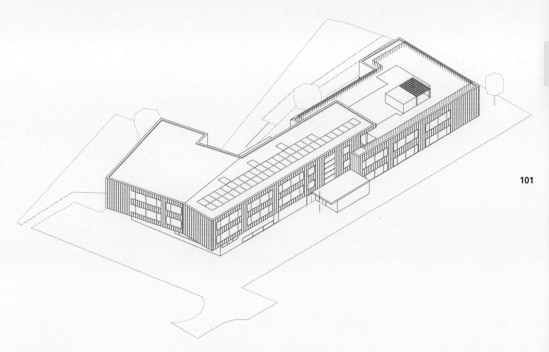

M 1:750 / EG

Das Gebäude fügt sich am nördlichen Dorfrand in die bestehende Einfamilienhausstruktur ein, die es mit seinen drei Geschossen kaum überragt. Neben einem halböffentlichen Vorplatz gibt es eine Kapelle und zentrale Empfangs-, Aufenthalts- und Festbereiche, die großzügig dimensioniert sind. Der Alltag findet in vier Wohngruppen, in denen auch Pflegebedürftigen Teilhabe möglich ist, statt. Die Fassaden sind mit Lärchenholz verkleidet, was an die regionale Bautradition anknüpft, und auch im Inneren schaffen Holzoberflächen eine angenehm wohnliche Atmosphäre.

Seniorenwohnhaus Nonntal Salzburg

FUNKTION	Pflegeeinrichtung		ARCHITEKTUR	Gasparin & Meier Architekten
ORT	Salzburg		LANDSCHAFTSARCHITEKTUR	Auböck + Kárász Landscape Architects
EINWOHNER:INNEN	155.416		BAUHERRSCHAFT	Stadt Salzburg
GEMEINDEFLÄCHE	66 km²		VERFAHREN	Nicht offener, zweistufiger Realisierungswettbewerb im Oberschwellenbereich
BUNDESLAND	Salzburg			
ADRESSE	Karl-Höller-Straße 4			
FERTIGSTELLUNG	2019		BETREIBERIN	Stadt Salzburg
BRUTTOGESCHOSSFLÄCHE	12.530 m²		FINANZIERUNG	Stadt Salzburg
KOSTEN	€ 19.000.000			

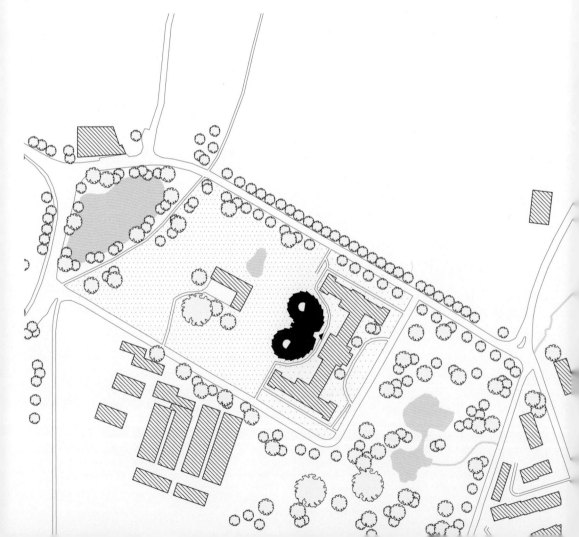

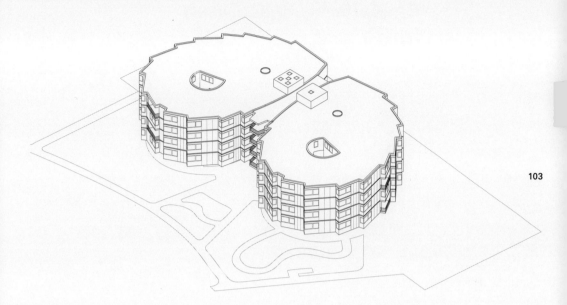

M 1:1000 / OG

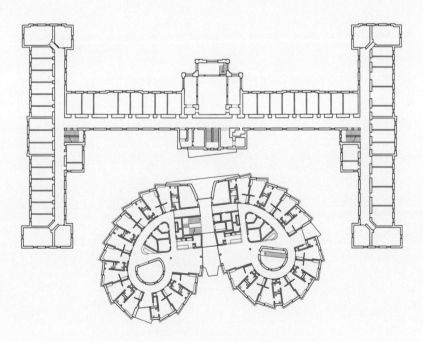

Inmitten einer Parklandschaft in direkter Nähe zum Stadtzentrum und dreiseitig umgeben vom ehemaligen «Versorgungsheim» befindet sich das neue Seniorenwohnhaus Nonntal. Im Bestandsgebäude werden nun geförderte Mietwohnungen, teilweise betreut, Unterkunft finden. In vier Obergeschossen wohnen mit Blick auf den Park und den urbanen Platz, der zwischen Neubau und Altbestand geschaffen wurde, je zwölf Senior:innen in acht Hausgemeinschaften. Das Sockelgeschoss hat dienende Funktion und enthält neben der Verwaltung auch ein Café samt geschütztem Außenbereich.

Haus für psychosoziale Begleitung & Wohnen Innsbruck

FUNKTION	Wohnhaus für psycho-soziale Pflege und Betreuung
ORT	Innsbruck
EINWOHNER:INNEN	131.059
GEMEINDEFLÄCHE	105 km²
BUNDESLAND	Tirol
ADRESSE	An-der-Lan-Straße 16
FERTIGSTELLUNG	2018
BRUTTOGESCHOSSFLÄCHE	1.270 m²

ARCHITEKTUR	Fügenschuh Hrdlovics Architekten
BAUHERRSCHAFT	IIG – Innsbrucker Immobilien GmbH
BETREIBER	PSP – Psychosozialer Pflegedienst Tirol

M 1:500 / 4. OG

EG

Ein monolithischer kleiner Wohnturm in direkter Nähe zum neu eröffneten Wohnheim des Olympischen Dorfs an der Uferpromenade am Inn. Die Gemeinschaftsräume im Erdgeschoss des fünfgeschossigen Bauwerks öffnen sich in Richtung der Promenade am Fluss, ein Therapieraum befindet sich im Dachgeschoss und eröffnet einen spektakulären Blick über das Inntal. Auf den drei Etagen dazwischen befinden sich zwölf kleine Wohneinheiten für temporäre Bewohner:innen.

5

Haus für Senioren
Bad Zell

FUNKTION	Pflegeeinrichtung und betreutes Wohnen
ORT	Bad Zell
EINWOHNER:INNEN	2.934
GEMEINDEFLÄCHE	46 km²
BUNDESLAND	Oberösterreich
ADRESSE	Sonnenweg 1
FERTIGSTELLUNG	2016

ARCHITEKTUR	pointner pointner Architekten und Norbert Haderer ZT GmbH
BAUHERRSCHAFT	Evangelisches Diakonie Gallneukirchen
VERFAHREN	Geladener, einstufiger Realisierungswettbewerb
BETREIBERIN	Evangelische Diakonie Gallneukirchen

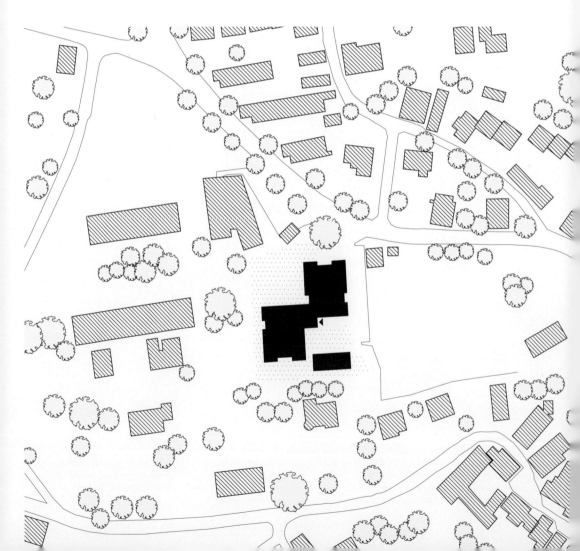

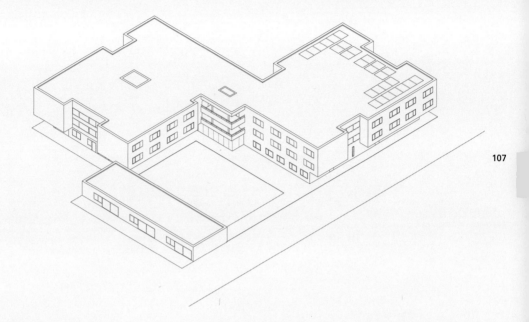

M 1 : 1000 / 1. OG

In einiger Entfernung zum Ortszentrum von Bad Zell auf einer leichten Anhöhe und in direkter Nähe zum Friedhof befindet sich das Haus für Senioren. Das Leben im Hauptgebäude ist in Hausgemeinschaften organisiert. Der verschränkte Gebäudekörper schafft unterschiedliche Sichtbeziehungen und bildet windgeschützte Höfe aus, in denen gegärtnert und spazieren gegangen wird. Im Erdgeschoss befinden sich Gemeinschaftsräume und ein angrenzender, eingeschossiger Baukörper mit fünf Wohneinheiten, deren Bewohner:innen bei Bedarf betreut werden können.

Mehrzeller Nachbarschaft
Bad Zell

FUNKTION	Initiative und Organi-sation für ein aktives Miteinander
ORT	Bad Zell
EINWOHNER:INNEN	2.934
GEMEINDEFLÄCHE	46 km²
BUNDESLAND	Oberösterreich

ADRESSE	Marktplatz 30
NETTONUTZFLÄCHE	70 m²
BRUTTOGESCHOSSFLÄCHE	85 m²
BAUHERRSCHAFT	Evangelisches Diakoniewerk
BETREIBER:INNEN	Diakoniewerk, Pfarre, Vereine, Gemeinde

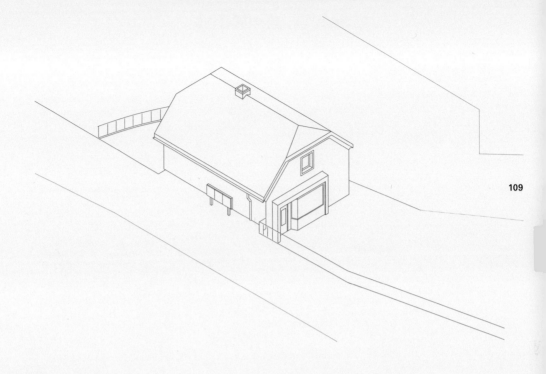

M 1:250 / EG

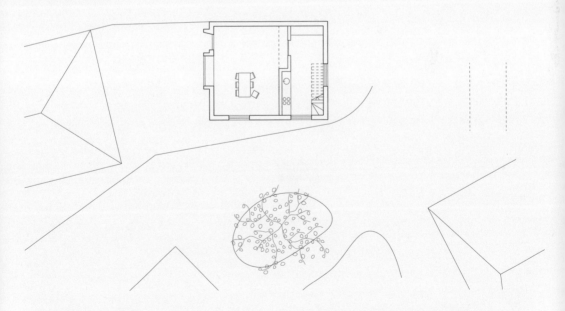

Am Marktplatz von Bad Zell in einer ehemaligen Bäckerei befindet sich die zentrale Anlaufstelle des Projekts «Mehrzeller Nachbarschaft», einer Initiative, die in Kooperation mit dem Diakoniewerk und dem ortseigenen Seniorenheim ein aktives Miteinander unterstützt. Der Gemeinschaftsraum im Erdgeschoss, das Büro im Obergeschoss und das Dorfgasthaus – eine Pizzeria – sind die Arbeitsräume, in denen sich Michael Zwölfer um die Bedürfnisse der Bewohner:innen kümmert. In einer Art Alltagsmanagement für den gesamten Ort werden laufend Aktionen und Projekte wie zum Beispiel die Asylpartnerschaft, der Besuchsdienst, der Mitfahrdienst oder der gemeinsame Mittagstisch initiiert und umgesetzt.

7

Gesundheitszentrum Haslach a. d. Mühl

FUNKTION	Gesundheitszentrum		ARCHITEKTUR	Architekturbüro ARKADE ZT GmbH
ORT	Haslach a. d. Mühl		BAUHERRSCHAFT	Gemeinde Haslach a. d. Mühl
EINWOHNER:INNEN	2.548		VERFAHREN	Direktauftrag
GEMEINDEFLÄCHE	12 km²		BETREIBER	Hausarztmedizin Plus Dr. Peinbauer Dr. Rebhandl Dr. Zogholy Gruppenpraxis für Allgemeinmedizin OG
BUNDESLAND	Oberösterreich			
ADRESSE	Kirchenplatz 3			
FERTIGSTELLUNG	2018			
BRUTTOGESCHOSSFLÄCHE	784 m²			

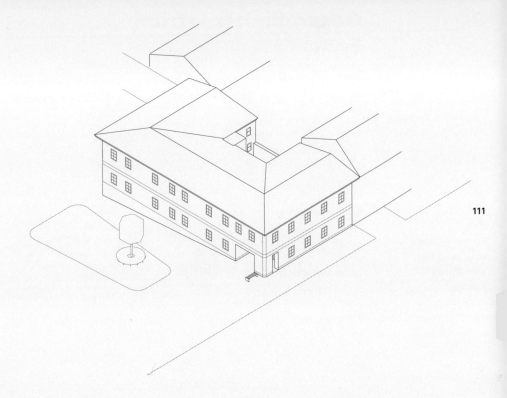

M 1:500 / EG

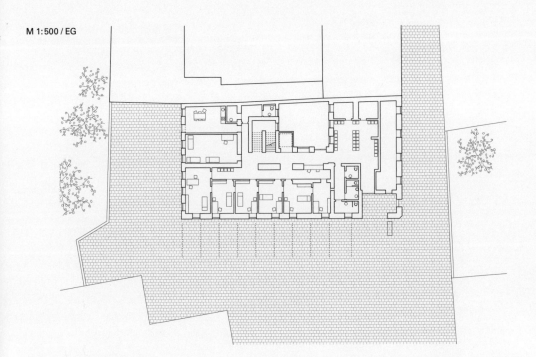

Erst Schule, dann Webereimuseum und seit 2018 Primärversorgungszentrum (PVZ) mitten im Ortskern von Haslach. Bei der Sanierung des um 1870 errichteten Gebäudes entstanden Praxisräumlichkeiten sowie ein begrünter Innenhof. Das Haus beherbergt Einrichtungen zur allgemeinmedizinischen Versorgung sowie u.a. Physio-, Psycho- und Ergotherapie, Logopädie, Diätologie und eine Hebammenpraxis. Durch die zentrale Lage im Ort sowie die Nähe zum PROGES-Gesundheitsbüro entstehen Synergien zum Wohle aller Bewohner:innen von Haslach.

Gesundheitszentrum Enns

FUNKTION	Gesundheitszentrum		ARCHITEKTUR	Haas Architektur ZT GmbH und X Architekten ZT GmbH
ORT	Enns		BAUHERRSCHAFT	Ennser GHZ GmbH
EINWOHNER:INNEN	11.900		VERFAHREN	Direktauftrag
GEMEINDEFLÄCHE	33 km²		EIGENTÜMERIN	Ennser GHZ GmbH
BUNDESLAND	Oberösterreich			
ADRESSE	Kathreinstraße 19			
FERTIGSTELLUNG	2017			
BRUTTOGESCHOSSFLÄCHE	2.400 m²			

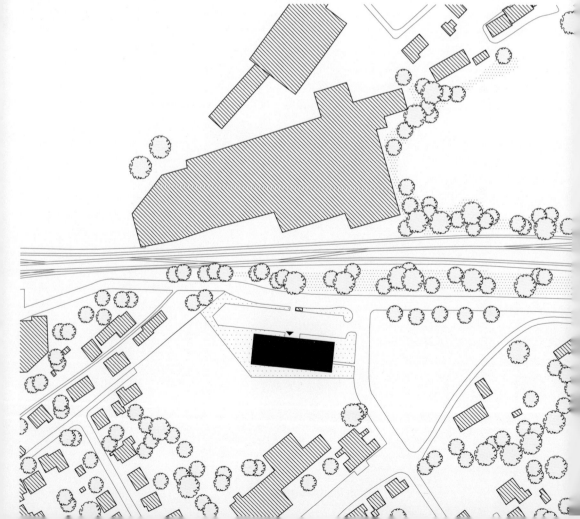

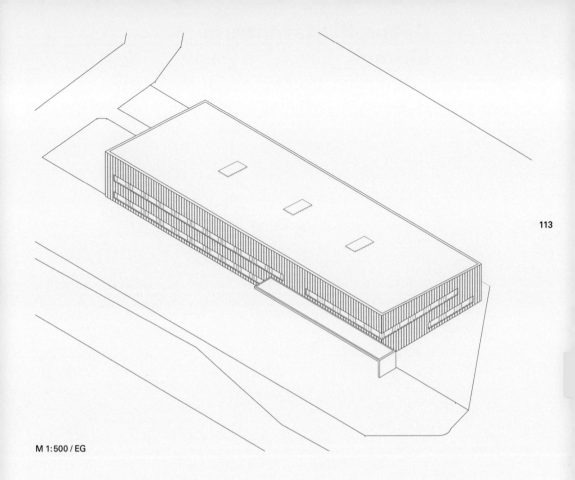

M 1:500 / EG

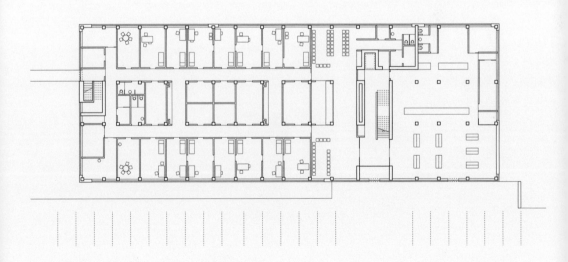

Das Gebäude wurde als Hybridkonstruktion aus einem Stahlbetontragwerk mit ausfachenden Holzriegelwänden errichtet. Dadurch konnten die Anforderungen an Brand- und Schallschutz sowie an eine bedarfsorientierte Nutzungsflexibiltät erfüllt werden.

Gesundheitszentrum Mureck

FUNKTION	Gesundheitszentrum		ARCHITEKTUR	HOFRICHTER RITTER Architekten ZT GmbH
ORT	Mureck		BAUHERRSCHAFT	Gem. Wohn- und Siedlungs- genossenschaft Ennstal Reg. Gen.m.B.H. Liezen
EINWOHNER:INNEN	3.490			
GEMEINDEFLÄCHE	5 km²			
BUNDESLAND	Steiermark		EIGENTÜMERIN	Gem. Wohn- und Siedlungs- genossenschaft Ennstal Reg. Gen.m.B.H. Liezen
ADRESSE	Quellengasse 1			
FERTIGSTELLUNG	2019			
BRUTTOGESCHOSSFLÄCHE	4.000 m²			

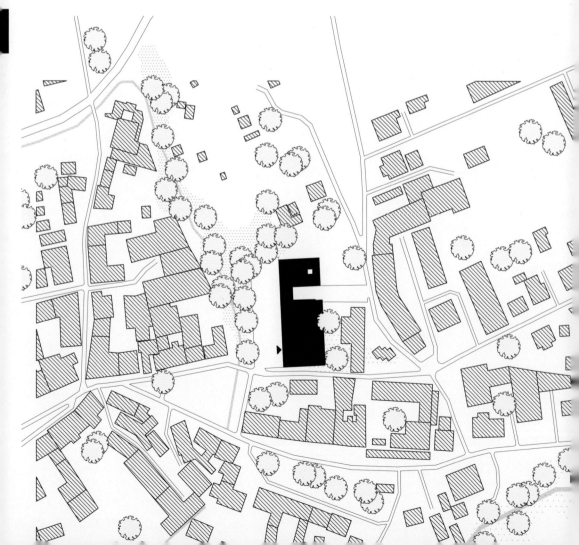

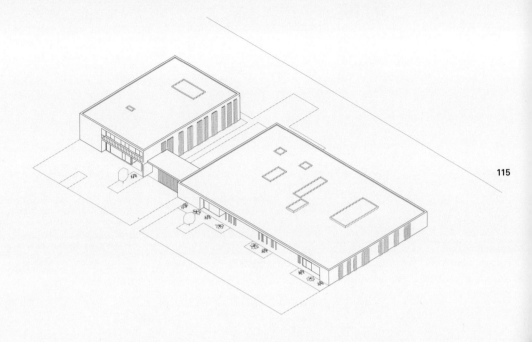

M 1:750 / EG

Im Ortszentrum von Mureck löst ein Gesundheitszentrum den Nahversorger ab. Unter einem großzügig auskragenden Vordach befindet sich der Eingang ins teilweise zweigeschossige Gebäude, der unmittelbar in einen zentralen Bereich führt. Längsseitig wechseln sich Wartebereiche und öffentliche Funktionen ab. Der flache Baukörper und die transparente Fassade sorgen für viel Tageslicht im Inneren.

Gesundheitszentrum Josefhof
Graz

FUNKTION	Kompetenzzentrum für stationäre Gesundheits- förderung und Prävention
ORT	Graz
EINWOHNER:INNEN	291.134
GEMEINDEFLÄCHE	128 km²
BUNDESLAND	Steiermark
ADRESSE	Haideggerweg 38
FERTIGSTELLUNG	2019
BRUTTOGESCHOSSFLÄCHE	13.500 m²
KOSTEN	€ 26.000.000

ARCHITEKTUR	Dietger Wissounig Architekten ZT GmbH
BAUHERRSCHAFT	BVAEB – Versicherungsanstalt öffentlich Bediensteter, Eisen- bahnen und Bergbau
VERFAHREN	EU-weit offener zweistufiger Realisierungswettbewerb
BETREIBERIN	BVAEB – Versicherungsanstalt öffentlich Bediensteter, Eisen- bahnen und Bergbau

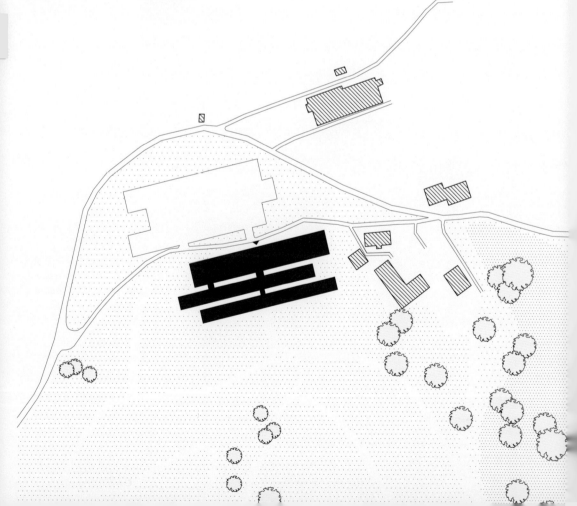

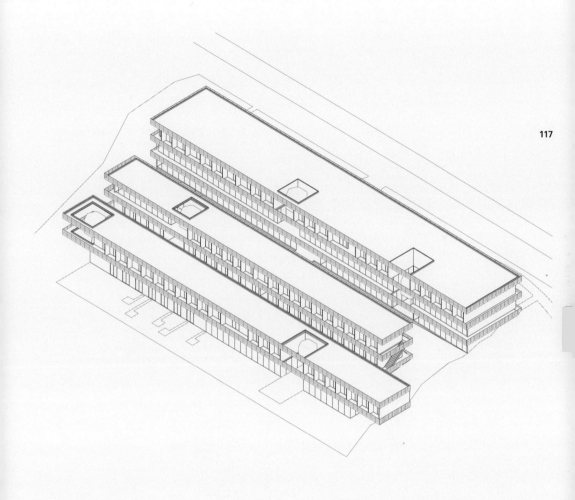

Im Umland von Graz in ruhiger Lage befindet sich das Gesundheitszentrum Josefhof, eine Einrichtung für stationäre Gesundheitsförderung und Prävention. Drei horizontal gestaffelte Baukörper mit 115 Metern Länge fügen sich in die hügelige Topografie und
bieten Platz für 50 Zimmer in Holzmodulbauweise sowie eine interne Ambulanz und Bewegungs- und Therapieräumlichkeiten.
Ausblicke und Durchblicke stellen eine Verbindung zu den Wäldern und Wiesen in der Umgebung her. Schwellenlose Übergänge
verknüpfen Innen und Außen.

118

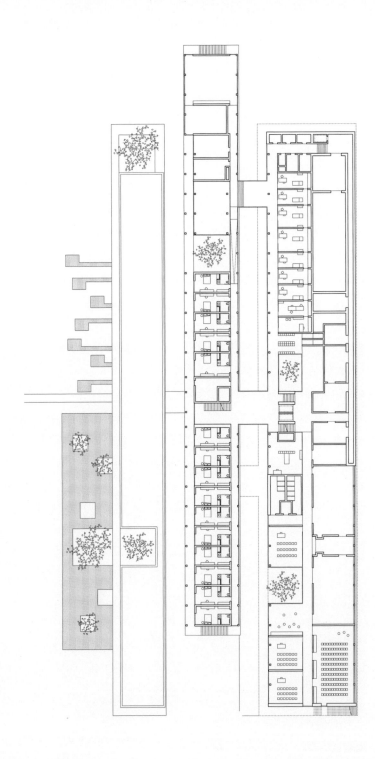

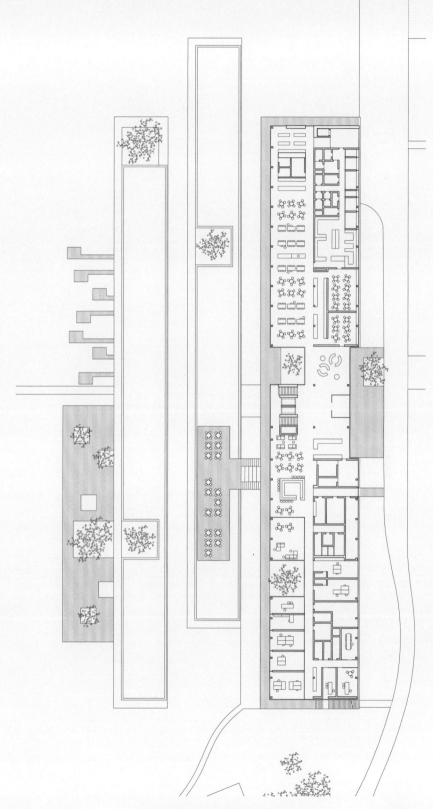

Gesundheitszentrum Admont

FUNKTION	Gesundheitszentrum		ARCHITEKTUR	KREINER Architektur ZT GmbH
ORT	Admont		BAUHERRSCHAFT	Stift Admont
EINWOHNER:INNEN	4.954		EIGENTÜMER	Stift Admont
GEMEINDEFLÄCHE	300 km²			
BUNDESLAND	Steiermark			
ADRESSE	Hauptstraße 167			
FERTIGSTELLUNG	2019			

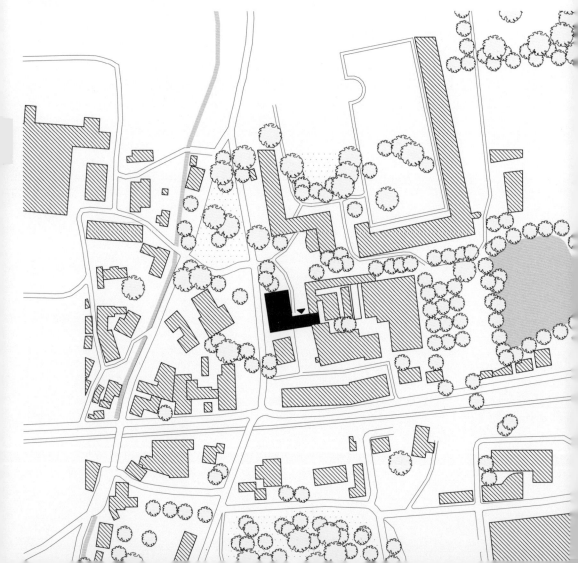

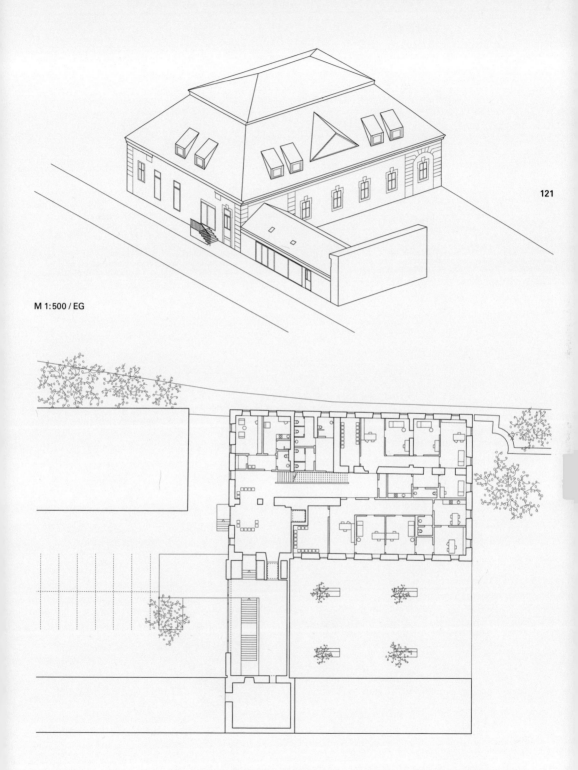

M 1:500 / EG

Im Ortskern von Admont wurde aus der ehemaligen Stiftstischlerei das erste Ennstaler Primärversorgungszentrum. Im Gesundheitszentrum am Areal des Benediktinerstiftes ordinieren Allgemeinmediziner:innen, Fachärzt:innen und Therapeut:innen.

Altenpflegeheim Erika Horn
Graz

FUNKTION	Pflegeeinrichtung
ORT	Graz
EINWOHNER:INNEN	291.134
GEMEINDEFLÄCHE	128 km²
BUNDESLAND	Steiermark
ADRESSE	Stattegger Straße 100
FERTIGSTELLUNG	2015
BRUTTOGESCHOSSFLÄCHE	6.950 m²
KOSTEN	€ 11.000.000

ARCHITEKTUR	Dietger Wissounig Architekten ZT GmbH
BAUHERRSCHAFT	Gem. Wohn- und Siedlungs-genossenschaft Ennstal reg.m.B.H Liezen und Grazer Geriatrische Zentren
VERFAHREN	Geladener einstufiger Realisierungswettbewerb
BETREIBER	Grazer Geriatrische Zentren

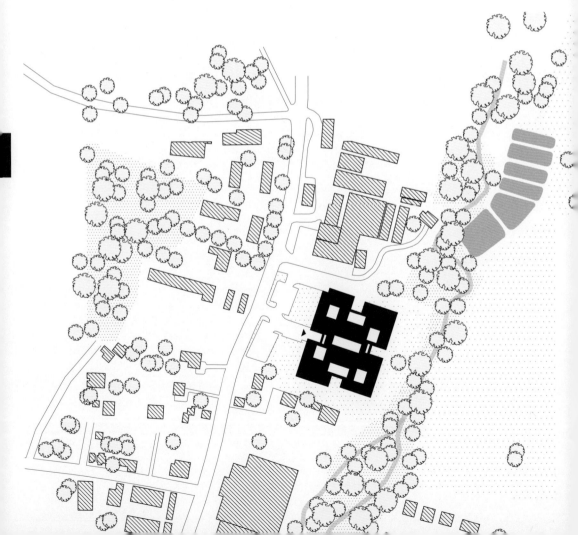

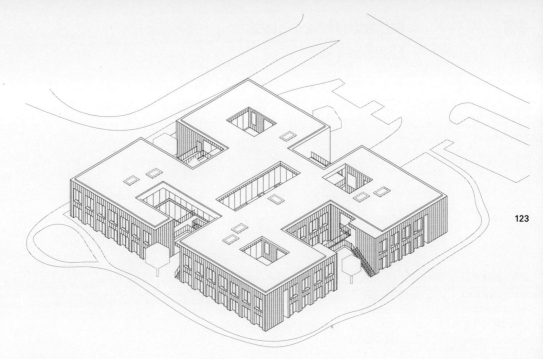

M 1:1000 / OG

Das Pflegeheim befindet sich auf einem parkartigen Grundstück an einer Ausfahrtsstraße im Norden von Graz, in der Nähe des Andritzbaches. Es ist ein zweigeschossiges Gebäude, konstruktiv fast vollständig in Holz ausgeführt (lediglich Brandsschutzschotten in Stahlbeton waren zwischen den Zimmern notwendig) mit vier Gebäudeflügeln, die um einen zentralen «Dorfplatz» gruppiert sind. Dieser ist Treffpunkt mit Café, Friseur und Andachtsraum und eignet sich für Veranstaltungen für Bewohner:innen und Besucher:innen. Teilweise gedeckte Umgänge im Bereich der Atrien und ein unmittelbarer Bezug zu Wiese und Bach verleihen dem Haus besondere Qualitäten.

Mitdafinerhus
Dafins

FUNKTION	Betreutes Wohnen / Wohngemeinschaft mit Alltagsmanager:in	ARCHITEKTUR	Marte.Marte Architekten ZT GmbH
ORT	Dafins (Gemeinde Zwischenwasser)	BAUHERRSCHAFT	M.M. Liegenschaftsver-mietungs- GmbH & Co, KEG Zwischenwasser
EINWOHNER:INNEN	3.328	VERFAHREN	Eigeninitiative
GEMEINDEFLÄCHE	23 km²	BETREIBERIN	Sozialzentrum Lebensraum Vorderland gemeinnützige Betriebs GmbH
BUNDESLAND	Vorarlberg		
ADRESSE	Lindenbodenweg 1		
FERTIGSTELLUNG	1984, 2006		
KOSTEN	€ 500.000		

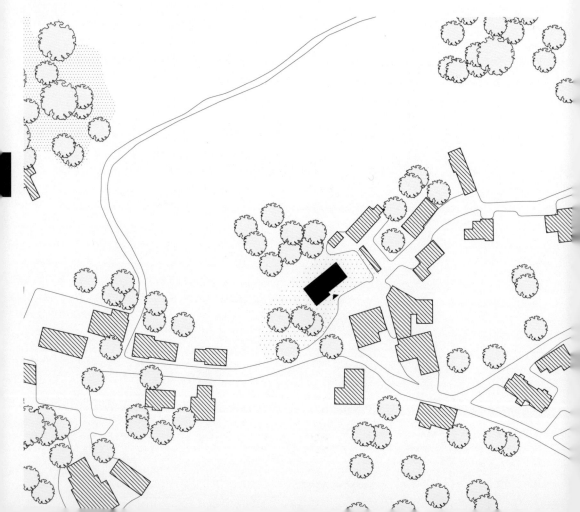

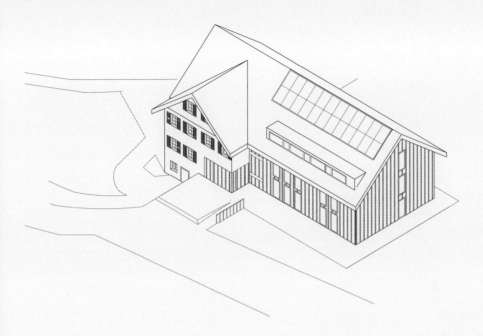

M 1:500 / OG

EG

Das Mitdafinerhus liegt im Ortskern von Dafins an einem Südwesthang. Die Wiederbelebung, Sanierung und der Umbau des alten Rheintalhauses wurden von einer lokalen Initiative ins Leben gerufen, um im Ort betreutes Wohnen zu ermöglichen. Über das gegenüberliegende selbstbetriebene «Lädele» verbinden sich das Haus und seine Bewohner:innen mit der Dorfgemeinschaft.

13   **Mitdafinerhus**   **Dafins**

Haus Mitanand
Bezau

FUNKTION	Betreubares Wohnen und Kleinkinderbetreuung		ARCHITEKTUR	Hermann Kaufmann + Partner ZT GmbH
ORT	Bezau		BAUHERRSCHAFT	VOGEWOSI – Vorarlberger gemeinnützige Wohnungsbau- und Siedlungsgesellschaft mbH
PLZ	6870			
EINWOHNER:INNEN	2.031		VERFAHREN	Wettbewerb
GEMEINDEFLÄCHE	34 km²		EIGENTÜMERIN	VOGEWOSI – Vorarlberger gemeinnützige Wohnungsbau- und Siedlungsgesellschaft mbH
BUNDESLAND	Vorarlberg			
ADRESSE	Ellenbogen 183			
FERTIGSTELLUNG	2017			
NETTONUTZFLÄCHE	1.091 m²			
BRUTTOGESCHOSSFLÄCHE	1.382 m²			
KOSTEN	€ 1.970.000			

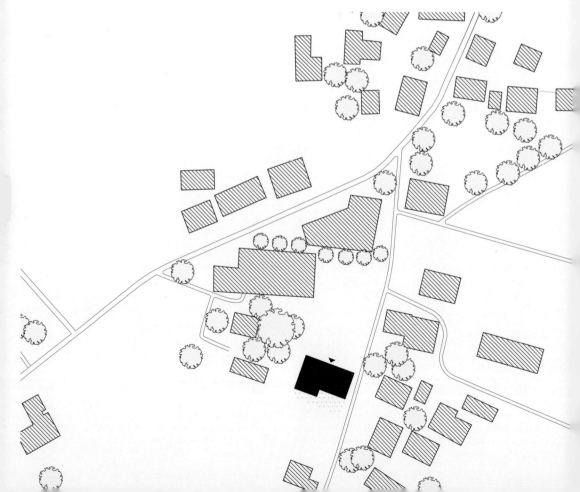

M 1:500 / OG

EG

Das Sozialzentrum der drei Gemeinden Bezau, Mellau und Reuthe umfasst zwei Standorte in Bezau. Das Pflegeheim ist in einem Neubau und das Altenwohnen in einem sanierten Bregenzerwälderhaus untergebracht. Beide befinden sich in direkter räumlicher Nähe zueinander. Im erst jüngst fertig ausgebauten Bestand ist außerdem ein Kindergarten für alle drei Gemeinden untergebracht.

FUNKTION	Pflegeeinrichtung
ORT	Egg
EINWOHNER:INNEN	3.652
GEMEINDEFLÄCHE	65 km²
BUNDESLAND	Vorarlberg
ADRESSE	Pfister 518
FERTIGSTELLUNG	2011
BRUTTOGESCHOSSFLÄCHE	5.274 m²
KOSTEN	€ 10.100.000

ARCHITEKTUR	AMP Architekten / Johannes Daniel Michel Generalplaner GmbH & Co. KG
BAUHERRSCHAFT	Gemeinde Egg
VERFAHREN	Offener, einstufiger Realisierungswettbewerb im Oberschwellenbereich
BETREIBERIN	Sozialzentrum Egg gemein-nützige GmbH

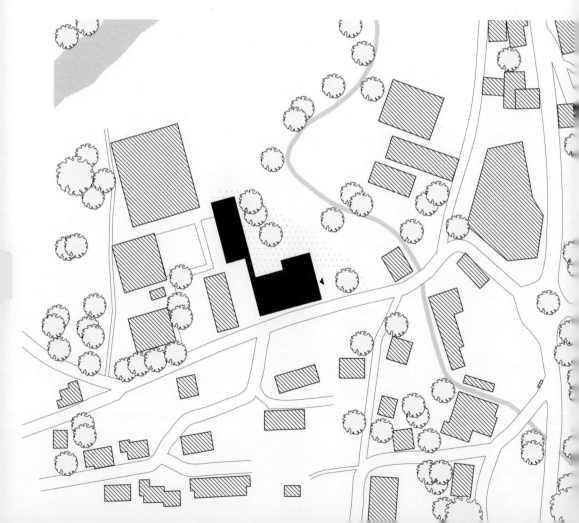

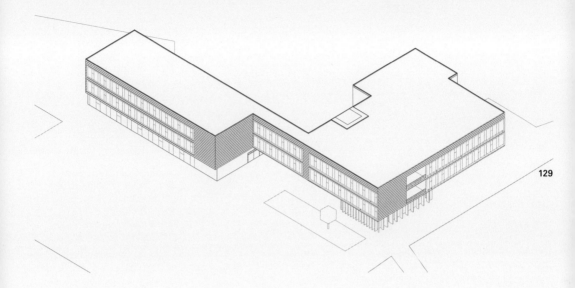

M 1:750 / OG

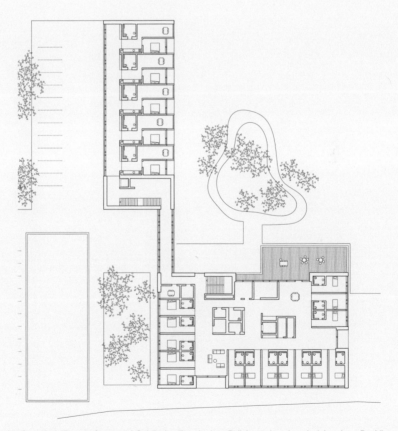

Das Sozialzentrum der Gemeinde Egg umfasst zwei Gebäude, die mit einer Brücke verbunden sind. Im einen Baukörper befindet sich ein Pflegeheim für 30 Bewohner:innen. Zusätzlich sind im Haus die Vinzenzkapelle, eine Großküche samt Speisesaal, in dem auch die Schulkinder der nahen Hauptschule verpflegt werden, und der Standort für den Mobilen Sozialen Dienst untergebracht. Im zweiten Baukörper gibt es 15 Wohnungen für betreutes Wohnen.

Vorderlandhus
Röthis

FUNKTION	Pflegeeinrichtung und Sozialzentrum mit Kindergarten
ORT	Röthis
EINWOHNER:INNEN	2.159
GEMEINDEFLÄCHE	3 km²
BUNDESLAND	Vorarlberg
ADRESSE	Rautenastraße 44
FERTIGSTELLUNG	2007
BRUTTOGESCHOSSFLÄCHE	6.146 m²

ARCHITEKTUR	Leopold Kaufmann (Bestand 1994); Nägele / Weibel (2007)
BAUHERRSCHAFT	Miteigentümergemeinschaft Lebensraum Vorderland
BETREIBERIN	Sozialzentrum Lebensraum Vorderland gemeinnützige Betriebs GmbH

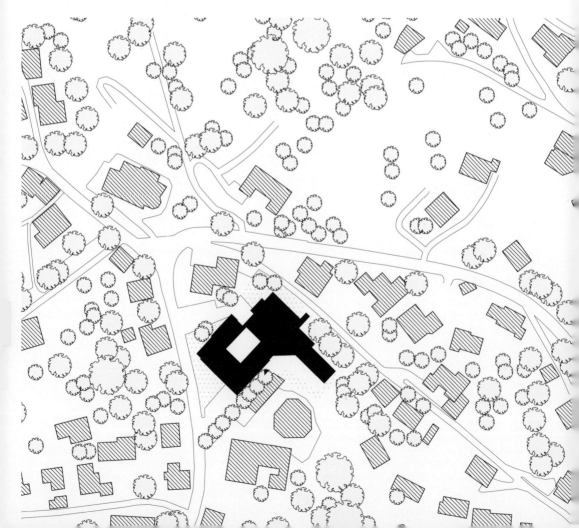

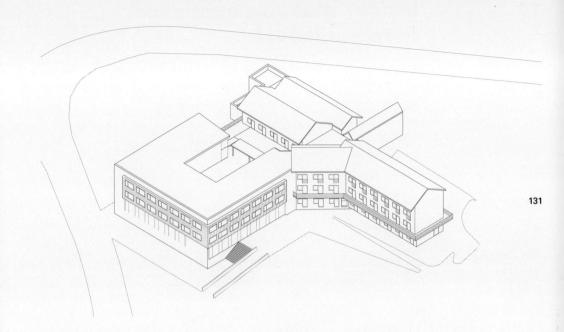

M 1 : 750 / 1. OG

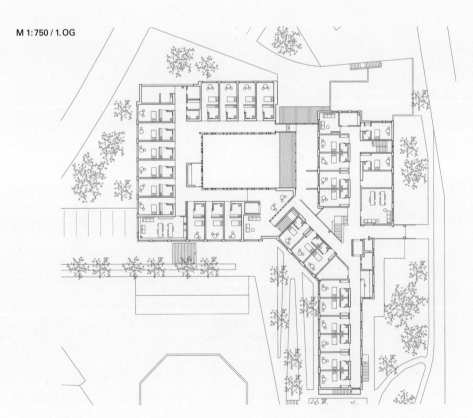

Das Vorderlandhus entstand 1984 (Architekt Leopold Kaufmann) durch den Bau eines gemeinsamen Altenheimes für acht Vorderländer Gemeinden. Es liegt im Ortskern von Röthis und ist überregional gut erreichbar. Das Haus baute nach und nach sein Programm aus und wurde 2006 von Nägele Waibel Architekten erweitert. Es bietet seither Sozial- und Pflegeberatung, betreibt Jugendarbeit und einen Kindergarten.

Pflege- und Förderzentrum Perchtoldsdorf

FUNKTION	Pflege- und Förderzentrum
ORT	Perchtoldsdorf
EINWOHNER:INNEN	14.978
GEMEINDEFLÄCHE	13 km²
BUNDESLAND	Niederösterreich
ADRESSE	Ernst-Wolfram-Marboe-Gasse 1
FERTIGSTELLUNG	2016
BRUTTOGESCHOSSFLÄCHE	5.600 m²

ARCHITEKTUR	Loudon, Habeler & Kirchweger ZT GmbH
BAUHERRSCHAFT	Land Niederösterreich
VERFAHREN	Offener Wettbewerb
BETREIBERIN	NÖ Landesgesundheitsagentur

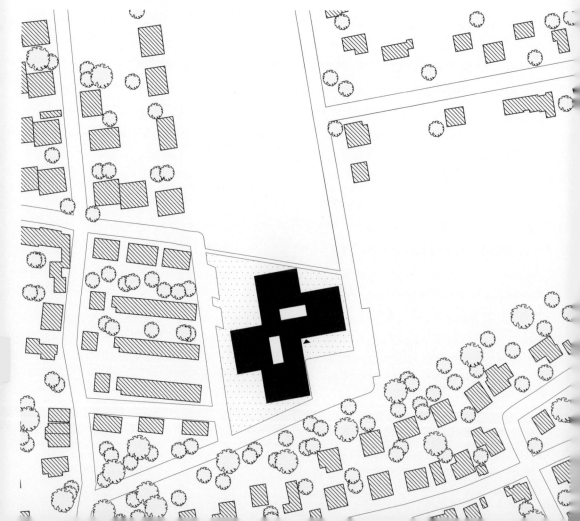

M 1:750 / OG

Am Ortsrand von Perchtoldsdorf liegt ein Wohnheim, in dem die Bewohner:innen oft ihr ganzes Leben lang betreut werden. Die vier Gebäudeflügel gliedern das Grundstück und ermöglichen großzügige Freiräume dazwischen. Im Inneren gibt es auf zwei Geschossen insgesamt sechs Wohngruppen, die über einen zentralen, hellen, an Atrien liegenden Erschließungsbereich zugänglich sind. Eine Schnittstelle zu den im direkten Umfeld lebenden Familien bildet der Kindergarten, der ebenfalls im Haus untergebracht ist.

18 Apotheke zum Löwen von Aspern
Wien

FUNKTION	Apotheke		FERTIGSTELLUNG	2003
ORT	Wien		BRUTTOGESCHOSSFLÄCHE	581 m²
EINWOHNER:INNEN	1.920.949		ARCHITEKTUR	ARTEC Architekten
GEMEINDEFLÄCHE	415 km²		BAUHERRSCHAFT	Dr. Wilhelm Schlagintweit
BUNDESLAND	Wien		VERFAHREN	Direktvergabe
ADRESSE	Groß-Enzersdorfer Straße 4		BETREIBERIN	Karin Cech-Proksch

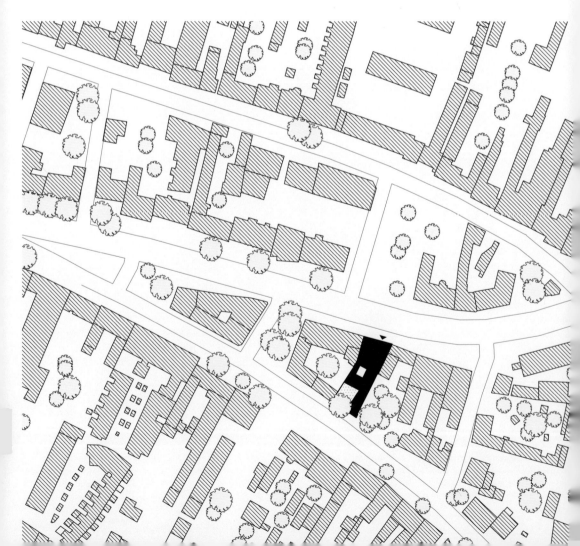

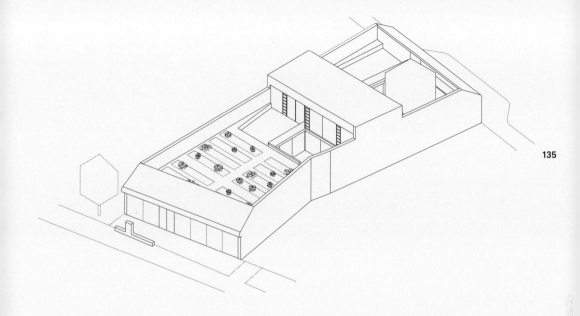

M 1:500 / EG

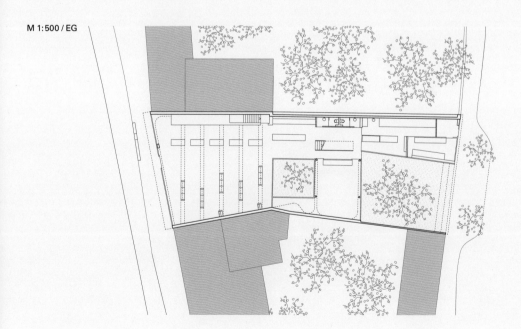

Eine Apotheke im 22. Wiener Gemeindebezirk, ein offener stützenfreier Raum, keine Tara (Verkaufspult), sondern Versorgung und Information, Seminarzentrum und Kräutergarten. Die radikale Neuprogrammierung einer bekannten Typologie ist ebenso wie die Architektur ein Anziehungspunkt in der Peripherie.

Geriatriezentrum Liesing
Wien

FUNKTION	Pflegeeinrichtung		ARCHITEKTUR	ARGE Riepl Riepl Architekten ZT GmbH / Johannes Kaufmann und Partner GmbH
ORT	Wien			
EINWOHNER:INNEN	1.920.949		LANDSCHAFTSARCHITEKTUR	3:0 Landschaftsarchitektur
GEMEINDEFLÄCHE	415 km²		BAUHERRSCHAFT	Wiener Krankenanstalten-
BUNDESLAND	Wien			verbund (heute: Wiener Gesundheitsverbund)
ADRESSE	Haeckelstraße 1a			
FERTIGSTELLUNG	2012		VERFAHREN	EU-weiter Wettbewerb (Verhandlungsverfahren)
BRUTTOGESCHOSSFLÄCHE	32.200 m²			
KOSTEN	€ 56.000.000		BETREIBER	Wiener Gesundheitsverbund

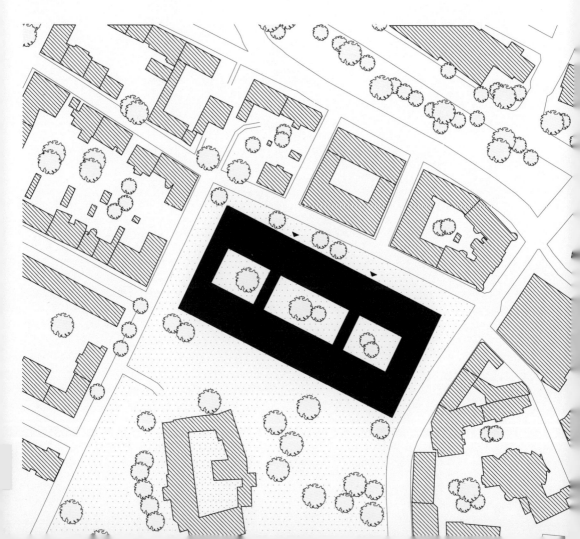

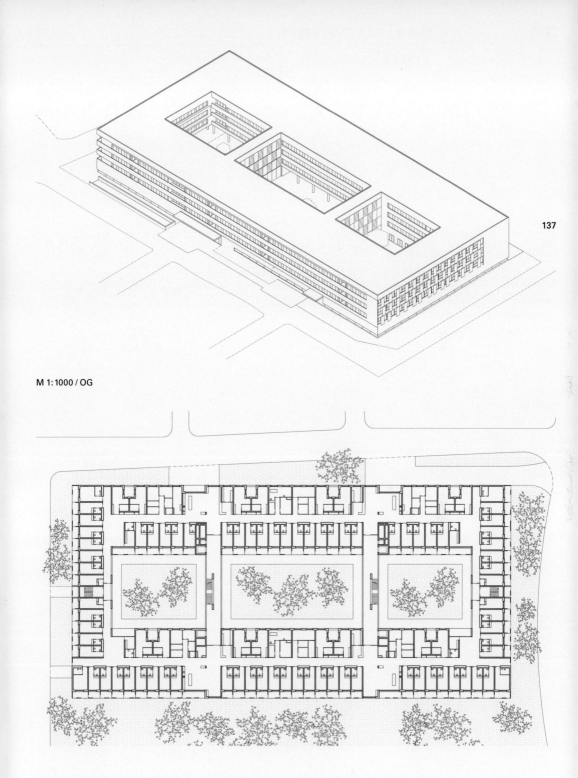

M 1:1000 / OG

137

Das neu errichtete Pflegeheim mit vorwiegend Einzelzimmern und einer Demenzstation mit Dachgarten im dritten Obergeschoss ersetzt Bestandsbauten aus dem 18. und 19. Jahrhundert und überzeugt mit hoher Gestaltungsqualität. Das durchlässige Erdgeschoss stellt eine gute Verbindung zur angrenzenden Parkanlage her.

Sozialzentrum Traiskirchen

FUNKTION	Pflegeeinrichtung		ARCHITEKTUR	Gerner Gerner Plus.
ORT	Traiskirchen		BAUHERRIN	SeneCura Kliniken- und Heimebetriebsgesellschaft m.b.H.
EINWOHNER:INNEN	18.774			
GEMEINDEFLÄCHE	29 km²		VERFAHREN	Direktvergabe
BUNDESLAND	Niederösterreich		BETREIBERIN	SeneCura Kliniken- und Heimebetriebsgesellschaft m.b.H.
ADRESSE	Hochmühlstraße 10			
FERTIGSTELLUNG	2015			

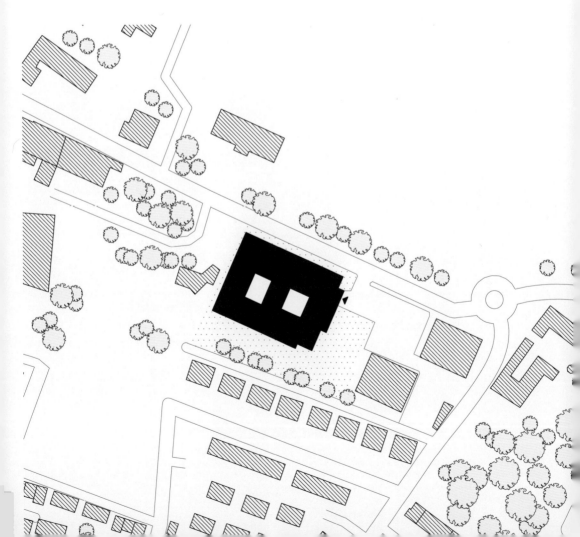

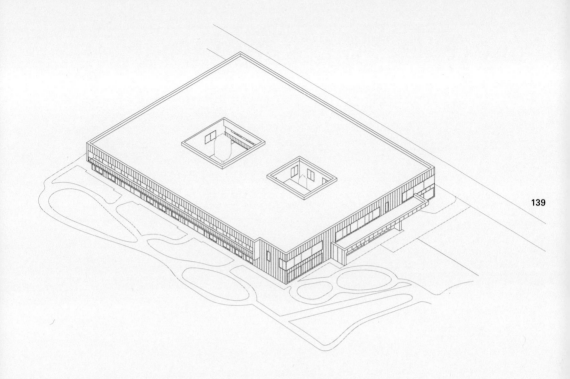

M 1 : 750 / EG

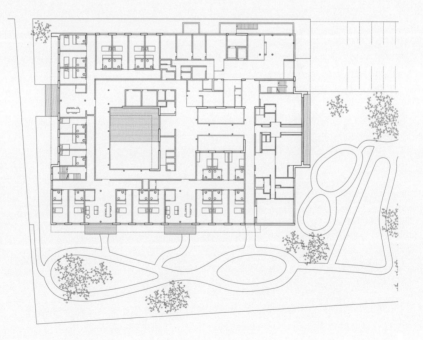

Errichtet von der SeneCura Gruppe liegt das an Wohnbauten angrenzende Sozialzentrum mit drei Demenzstationen nicht weit entfernt vom Stadtzentrum. Synergiegewinne ergeben sich durch den im Gebäude integrierten Kindergarten sowie die betreubaren Wohnungen in den Nachbargebäuden.

4

Ausflüge

Welchen Effekt Gesundheitseinrichtungen und -institutionen auf die Gesundheit haben, hängt nicht zuletzt von deren architektonischer Umsetzung und Kontextualisierung ab. Diese Orte der Gesundheit sind mit vielfältigen Praktiken verbunden, die meist über die (räumlichen) Grenzen der Gebäude hinaus wirken. Vor diesem Hintergrund wurden einige Beispiele, die auch im Katalog zu finden sind, im Rahmen einer transdisziplinären Lehrveranstaltung mit studentischen Co-Forscher:innen bei mehreren Ausflügen der verschiedenen Teams unter die Lupe genommen. Vor Ort wurden spezifische räumliche Fragestellung identifiziert und thematisiert.

**Mehrzeller
Nachbarschaft**

**Haus für
Senioren,
Bad Zell**

Marina Babic
Emma Gisinger
Lena Harfmann
Daniela Iliovski

2013 haben sich die damalige OÖGKK (Oberösterreichische Gebietskranken-kasse) und das Land Oberösterreich auf eine «gemeinsame Zielsteuerung im Gesundheitsbereich» für eine bessere Koordination und Zusammen-arbeit geeinigt und im November 2017 ein weiteres «Landeszielsteue-rungsübereinkommen» abgeschlossen (vgl. Gesundes Oberösterreich, o.J.)[1]. Neben den vom Land Oberösterreich angestrebten Entwicklungen gibt es einige lokale Pilotprojekte, die sich dem Thema kommunaler Gesund-heitsversorgung und Pflege mit eigenen Konzepten annähern.

Eines dieser Pilotprojekte wurde in der Gemeinde Bad Zell umgesetzt. Bad Zell liegt im Bezirk Freistadt im Mühlviertel. Es ist eine Gemeinde mit 2934 (1. Jän. 2021) Einwohner:innen und teilt sich in 14 Ortschaften.

Besonders in kleineren Gemeinden im ländlichen Raum können kom-munaler Zusammenhalt und eine gemeinsame Identität als wichtiger Entwicklungsmotor und Beitrag zur lokalen Lebensqualität gesehen werden. Dabei geht es einerseits um die Wirkung und Repräsentation nach außen, sozusagen ein Wir-Gefühl durch lokale Alleinstellungs-merkmale, aber vor allem um den endogenen Nutzen dieser Gemein-schaften. Im Rahmen dieses Forschungsbeitrags wurde ein besonderer Schwerpunkt auf die Orte gelegt, die den sozialen Zusammenhalt stärken können und so zur Förderung von gesundheitsbezogener Lebensqualität für die Bewohner:innen beitragen.

Der räumliche Fokus liegt dabei auf dem Haus für Senioren in Bad Zell und den Wechselwirkungen mit der direkten Nachbarschaft. Auch die Ini-tiative «Mehrzeller Nachbarschaft», Kooperationspartnerin des Hauses für Senioren und Schnittstelle im intergenerativen Dialog, wird genauer betrachtet. Diese leistet Vernetzungs- und Aktivierungsarbeit und bietet den ansässigen Senior:innen Anknüpfungspunkte zu Interaktion unterein-ander und mit anderen Generationen, um dadurch der Alterseinsamkeit entgegenzusteuern und ein selbstbestimmtes Leben im Alter zu fördern.

Ein Bürgerforum, zu dem alle Bürger:innen Bad Zells eingeladen wurden, war der Ausgangspunkt für die «Mehrzeller Nachbarschaft». Ein Team von zehn Personen begann, den Sozialraum in Bad Zell aktiv zu gestalten und bereitete dadurch die Bevölkerung auf die Schaffung einer Pflegeein-richtung vor. Diese Vorarbeit war essenziell für die gute Integration des Hauses in die Gemeinde.

Als Michael Zwölfer (Regionalleitung Seniorenarbeit Freistadt) die Koordi-nation der «Mehrzeller Nachbarschaft» übernahm, bemühte er sich um die Steigerung des Bekanntheitsgrades der Initiative. Um sie für die Einwoh-ner:innen Bad Zells greifbarer zu machen, wurde ein altes Häuschen am Marktplatz revitalisiert und zur Anlaufstelle «Im Zentrum», Ausgestattet mit einer Grundinfrastruktur steht es als ein «Open Space» unterschiedlichen

Nutzer:innen für vielfältige Aktivitäten zur Verfügung. Es finden Reparatur- und Handarbeitstreffen statt, aber auch Veranstaltungen in Kooperation mit anderen Initiativen wie der Zeitbank 55+[2], der Caritas oder dem Roten Kreuz.

Die Untersuchung der Interaktionsorte in Bad Zell und im Haus für Senioren zeigt unterschiedliche Faktoren auf, die für die Bewohner:innen des Hauses für Senioren Einfluss auf die Attraktivität dieser Orte nehmen. Personen mit eingeschränkter Mobilität oder schwindenden kognitiven Fähigkeiten haben erhöhte Ansprüche an den Raum. Erreichbarkeit, Entfernung und Barrierefreiheit liegen hier im Fokus.

Die folgende Karte zeigt, an welchen Orten in Bad Zell und im Haus für Senioren Interaktionen zwischen verschiedenen Nutzer:innen statt- finden könne bzw. wo es Hürden oder Barrieren gibt, die Interaktion erschweren.

145

1   Gesundes Oberösterreich (o. J.): Oö Zielsteuerung Gesundheit. https://www.gesundes-oberoesterreich.at/6155_DEU_HTML.htm (20.02.2021)
2   Das Modell ZEITBANK 55+ ist eine Form der organisierten Nachbarschaftshilfe, wo Hilfsdienste untereinander ausge- tauscht werden können. Siehe www.zeitbank.at

- ### Im Zentrum – Gebäude der Mehrzeller Nachbarschaft

Das alte Häuschen am Marktplatz schien aufgrund der Lage direkt im Zentrum Bad Zells gut geeignet, die Initiative aufzunehmen. Die Grundidee der Anlaufstelle «Im Zentrum» (4) war es, eine Infrastruktur bereitzustellen, die als Open Space unterschiedlichen Nutzer:innen für verschiedene Aktivitäten zur Verfügung steht. Es finden unter anderem Reparatur- und Handarbeitstreffen statt, aber auch Veranstaltungen in Kooperation mit anderen Initiativen wie der Zeitbank 55+, der Caritas oder dem Roten Kreuz.

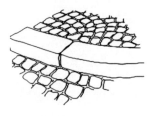

- ### Marktplatz

Das Ortszentrum mit einem differenzierten Dienstleistungsangebot und der Marktplatz (8), an dem Interaktion mit diversen Bevölkerungsgruppen stattfinden könnte, sind aufgrund der Topografie, der Bodenbeschaffenheit der Wege und der Distanz (eine Gehzeit von 15 bis 20 Minuten ist für viele Bewohner:innen das absolute Maximum) zum Haus für Senioren (1) für viele eine nur schwer zu überwindende Hürde. Schon zu gering abgeflachte Gehsteigkanten stellen für Personen, die auf eine Gehhilfe oder gar einen Rollstuhl angewiesen sind, ein Hindernis dar. Die zahlreichen, teilweise sehr hohen Gehsteigkanten am Marktplatz sind demzufolge für diese Menschen unpassierbar. Das Kopfsteinpflaster ist ebenfalls eine Stolperfalle für in ihrer Mobilität eingeschränkte Personen. Die Innenstadt und ihre Interaktionsorte wir Pfarrkirche, Bäckerei Störcher, Färberwirt, «Im Zentrum» etc. werden zwar regelmäßig besucht, meist aber in Begleitung und nicht täglich.

- ### Arena

Die Arena (19) hingegen, eine Sportstätte mit angrenzendem Restaurant, ist aufgrund ihrer barrierefreien Gestaltung sowie der geringen Distanz zum Haus für Senioren ein beliebter Ort für gemeinsame Aktivitäten. Sie ist über einen durchgehenden Gehsteig erreichbar und wird in regelmäßigen Abständen von den Bewohner:innen in Begleitung der «Freiwilligen» besucht. Dort treffen sie auch andere Einwohner:innen der Gemeinde.

- ### Friedhof

Ein im Alltag der Senior:innen sehr wichtiger Interaktionsort ist der angrenzend an das Haus der Senioren gelegene Friedhof (18). Durch seine unmittelbare Nähe und barrierefreie Erreichbarkeit eignet er sich für tägliche Spaziergänge, Besuche der Gräber von Verwandten und Bekannten und den Austausch mit anderen Personen.

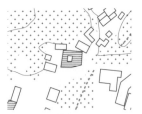

- ### Gasthaus Populorum

Der Mittagstisch im Gasthaus Popolurum (9) sowie ein Mitfahrdienst sollen der Vereinsamung im Alter vorbeugen und Senior:innen in ihrer Selbstständigkeit unterstützen. Gemeinsam feuern Alt und Jung bei Fußball- oder Tennisspielen (14, 15) das jeweils präferierte Team an. Der südlich gelegene Badeteich (21) ist einer der bei den Einwohner:innen beliebtesten Orte, spielt jedoch im Alltag der Bewohner:innen des Hauses für Senioren keine Rolle.

• Garten

Im Garten des Hauses für Senioren kommt es regelmäßig zur Interaktion zwischen Bewohner:innen und Kindern des sich ebenfalls im Haus befindlichen Kindergartens. Hier war eine Gestaltung des Freiraums wichtig, die die unterschiedlichen Ansprüche der beiden Gruppen vereint. Neben einigen Spielgeräten ist der Garten durch eine besondere Wegeführung gestaltet. Sie entspricht einem in sich geschlossenen Endlosweg, auf dem von Demenz betroffene Personen ihrem Bewegungsdrang nachkommen können, ohne sich zu verlaufen.

• Wohn- und Essbereich

Der offen gestaltete Wohn- und Essbereich sowie die Küche liegen jeweils im vorderen Bereich der Wohngemeinschaften. Hier wird gemeinsam gekocht, gegessen, geplaudert oder das rege Treiben beobachtet. Er stellt den zentralen Treffpunkt innerhalb der Wohngemeinschaften dar. Durch die Anordnung der Zimmer hin zu den Gemeinschaftsräumen kann bereits durch das Öffnen der Türe über den Geruchs- und Gehörsinn am Geschehen teilgenommen werden.

• Terrasse

Jeweils zwei Wohngruppen teilen sich eine großzügige überdachte Südterrasse. Diese bildet einen kommunikativen Außenbereich mit Blick zur Kirche und zum Ortszentrum.

• Cosy Chair

Bewohner:innen sollen nach Möglichkeit nicht im Krankenbett liegend, sondern sitzend am Geschehen in den Gemeinschaftsräumen teilhaben können. Das Sondermöbel Cosy Chair stellt das auch für nicht-mobile Personen sicher.

**Mitdafinerhus
Dafins**

**Sozialzentrum
Bezau-Mellau-
Reuthe**

**Julia Bertermann
Yasmin Haase
Philipp Hofer**

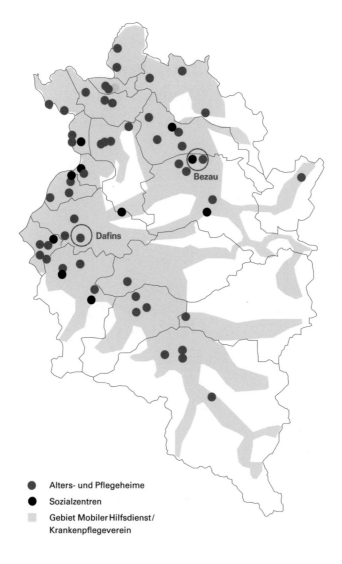

Bezau

Dafins

● Alters- und Pflegeheime

● Sozialzentren

Gebiet Mobiler Hilfsdienst /
Krankenpflegeverein

Ein Besuch von zwei sehr unterschiedlichen Projekten in Vorarlberg bringt verschiedene lokale Ansätze hervor, Pflegeeinrichtungen neu zu denken. Dieses «Neu-Denken» geschieht, und hier liegt die Betonung, nicht etwa aus Innovationswillen, sondern aus ökonomischem Muss und genau das macht die beiden Projekte beachtenswert.

Der Ausflug beginnt mit einem Blick auf die vorherrschende räumlich kleinteilige Organisation des Bundeslandes. In seinen vier größeren Städten und den weiteren 96 Gemeinden findet das Leben so lange wie möglich im eigenen zu Hause statt. Dies hat beträchtliche Auswirkungen auf die großteils dörflichen Strukturen: Vereinsamung, weite Versorgungswege, aber auch Leerstand von Gebäuden und damit einhergehende raumplanerische Konsequenzen.

Das Vorarlberger Modell zeichnet sich durch die kleinteilige Organisation und die eindeutig zugewiesenen Aktionsbereiche aus. Hier ist klar, 153 wer für die Patientin, den Patienten zuständig ist und wer mit wem zusammenarbeitet.

Beharrlichkeit – um nicht zu sagen Sturheit – wird zur Methode. Gepflegt wird zu Hause noch immer meist von den weiblichen Verwandten. Um diese Situation zu verändern, entstand eine übergeordnete Beratungs- und Organisationsstruktur, das sogenannte Case und Care-Management als regional übergeordnetes Pflegenetzwerk und Ansprechpartner für beinahe alle Belange im Zusammenhang mit Pflege.

Aber auch lokal regen sich Ideen. Zwei skizzieren eine andere Form der Neuorganisation. Den Beginn bilden jeweils Initiativen von Einzelpersonen oder Gruppen, denen lokale Entwicklungen wichtig sind. Hier dominiert nicht unbedingt die strategische Planung, sondern die gemeinsame kontinuierliche Begleitung der Projekte mit den Erfolgen, aber auch den Rückschlägen, wie zum Beispiel den anfänglichen Schwierigkeiten bei der Vermietung der Wohnungen. «Wir haben halt einfach mal g'macht.» (Johannes Ouschan, Initiator).

Die Architektur bedient sich des vorhandenen Bestands, die Eingriffe sind nicht immer zurückhaltend. Im Entwurf gilt: Feinheit im Detail, Pragmatik im Programm. In Bezau wird aus einem Stadel selbstständiges Wohnen, das Gebäude bekommt neue Proportionen, im renovierten Bestand bleibt die Stube bestehen und wird zum Kindergarten, das neu gedämmte Dach wird Sporthalle im heimeligem Giebel. In Dafins wurde ein Rheintalhaus entkernt, es blieben die wiederhergestellte Schindelfassade und die angenehme Materialität, es entstanden neue Wohneinheiten – private Wohnküchen statt traditioneller «Stuba», Das wichtigste Element jedoch ist ein Fensterdurchbruch im Inneren, der eine Sichtverbindung zwischen Bestandseingang und Gemeinschaftsküche herstellt. Hier kann jeder beim nach Hause kommen mit etwas Abstand entscheiden, ob er heute noch Stimmung ist für Teilhabe an der Gemeinschaft oder doch Rückzug ins Private angesagt ist.

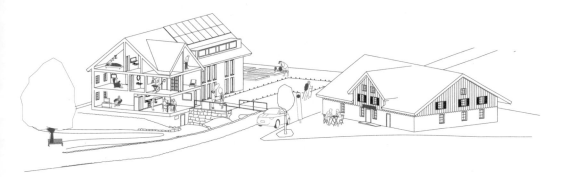

(K)ein regionales Drama

Ein Beispiel dafür befindet sich in Dafins, einem 400-See-len-Dorf und Teil der Gemeinde Zwischenwasser in eini-gem räumlichen Abstand zum Vorarlberger Rheintal. Nach dreijährigem Leerstand treffen sich einige sehr aktive Bewohner des Dorfes am Pool des Mitdafinerhus, es gibt Bier und eine Lösung: das Mitdafinerhus soll lokales Pflegezentrum werden. Die Initiatoren aus der Gemeinde bringen alles mit, was zu einem Umbau erforderlich ist, und investieren selbst; zwei Jahre später, 2006, wird er-öffnet, allerdings nicht ohne Schwierigkeiten, denn wer kann bleibt im Eigenheim. 2009 ergreift mit Frau Partsch eine weitere Person die Initiative. Sie kümmert sich um eine überregionale Klientel, übernimmt die Alltags-koordination und das Haus beginnt zu funktionieren. Nebenan steht ein Erdgeschoss leer, es wird zum Dorflä-dele transformiert und auch Kaffee gibt es hier, weil je-mand Erinnerungen an Wien pflegt.

Das Mitdafinerhus in Dafins und das Sozialzentrum Haus Mitanand in Bezau sind Teil dieses Netzes und in vielerlei Hinsicht interessante Objekte. Durch die Einbettung in die Landesorganisation der Pflege und durch die lokalen architektonischen und organisatorischen Besonderheiten lohnt es sich, einen genaueren Blick auf die beiden Orte zu werfen. Die Pflege im Land Vorarlberg, die unter dem Schirm der Case und Care-Landesorganisation organisiert ist, wird nach dem Leitsatz: «So viel wie möglich ambu-lant, so wenig wie möglich stationär», betrieben. Diese Pflege vor Ort und auch andere Hilfsdienste für Personen, die sie benötigen, werden vom Mobilen Hilfsdienst or-ganisiert. Die Herangehensweise an die Pflege ist insofern besonders, als in vielen Bereichen flexibel auf unter-schiedliche Lebenssituationen reagiert werden kann.

Leopold Drexler   Initiator und ehem.
                    Gemeinderat

hat schon viele verschiedene Projekte in der Gemeinde und im Dorf mitinitiiert und zum Erfolg verholfen.

«Es gab viele Unterstützer:innen, aber auch Skeptiker:in-nen. Wir waren aber überzeugt, und das mit Herzblut.»

Johannes Ouschan   Unternehmensberater

war mit viel Engagement ins Projekt involviert und hat auch seine eigene berufliche Erfahrung eingebracht. Heute ist er als Geschäftsführer der M&M Betriebsgesellschaft tätig.

«Wir haben halt einfach mal gemacht!»

Josef Mathis   Ehem. Bürgermeister der
                Gemeinde Zwischenwasser

In der Gemeinde gab es sicher nicht nur Befürworter:in-nen, dennoch wurde immer für das Allgemeinwohl ge-arbeitet. Die Dafinser Bürger:innen hatten den Rückhalt in der Gemeindevertretung.

«Ich habe solche Initiativen nie als lästige Einmischung gesehen, sondern als Möglichkeit den Ort zu entwickeln.»

Alexandra Partsch   Mediatorin und Leiterin
                      des Mitdafinerhus

Sie war maßgeblich bei der Positionierung des Hauses und der Suche nach Mieter:innen beteiligt. Durch ihr Engagement konnten alle elf Wohneinheiten innerhalb kürzester Zeit gefüllt werden.

«Ich glaube, das ist das Zauberwort: Nicht Geschäfts-modell, sondern Lebensmodell. Das ist das Mitdafiner-hus.»

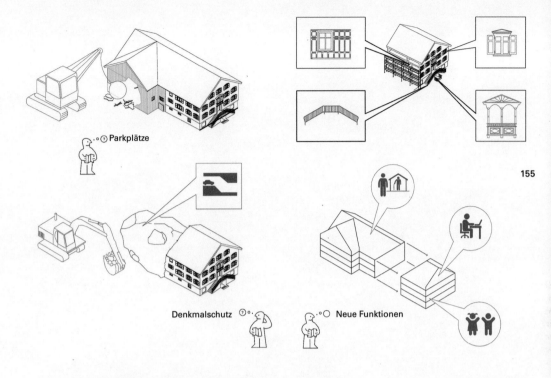

155

Parkplätze

Denkmalschutz

Neue Funktionen

Ein weiteres Beispiel stellt die Renovierung eines leerstehenden Bregenzerwälderhauses im Ortskern von Bezau dar. Es steht in unmittelbarer Nähe des Pflegeheims im Ort und bildet gemeinsam mit diesem ein Ensemble. Es bietet Raum für selbstständiges Wohnen im Alter und einen Kindergarten.

Das Haus Mitanand und das Sozialzentrum am Rand des Ortszentrums bilden das gesundheitliche Zentrum für Bezau, Mellau und Reuthe. Im Rahmen der schon länger bestehenden Zusammenarbeit der drei Orte im Gesundheits- und Pflegebereich wurde das Sozialzentrum im Jahr 2001 fertiggestellt. Es wird von den Gemeinden bis heute gemeinsam betrieben. Der Ruf nach Zusammenarbeit kommt in den Gemeinden nicht von ungefähr. Alleine der finanzielle Aspekt war den Gemeinden Anreiz genug die Zusammenarbeit zu suchen und die Kosten zu teilen. Dass die Wahl des Standortes damals auf Bezau fiel, ist eher ein Zufall. Die Gemeinde hat dort in den Jahren zuvor ein geeignetes Grundstück erworben.

Gerhard Steurer   ehem. Bürgermeister
von Bezau

«Wir haben in Bezau ca., würde ich einmal sagen, an die 30 leerstehende Häuser und viele Häuser, in denen nur mehr eine Person drinnen ist. [...] Das Haus Mitanand war ja genau so ein Beispiel. Das war eigentlich am Verfallen, da haben wir, Gott sei Dank, [...] eine Eigentümergemeinschaft gefunden, die bereit war, das Haus für genau diesen Zweck zu verkaufen. [...] Wir wollten ein soziales Zentrum schaffen. Ich denke das ist uns gelungen.»

Wolfgang Schwarzmann   ehem. Projektleiter bei
Hermann Kaufmann

gibt Einblicke in die verschiedenen Bauphasen des Hauses Mitanand. Die Projektleitung seitens des Architekturbüros Hermann Kaufmann wurde von ihm durchgeführt und die Bauphase von Anfang bis Ende begleitet.

«Für uns war es wichtig, dass wir die ganzen Hilfsdienste untergebracht haben. Sei es Mobiler Hilfsdienst, Krankenpflegeverein oder Case und Care Management. Dass hier alles an einem Platz ist.

Implementieren	Neue Orte der Versorgung	
Gesundheits-zentrum Mureck	**Berke Girgin** **Marina König** **Anna Luisa Leutgeb**	157

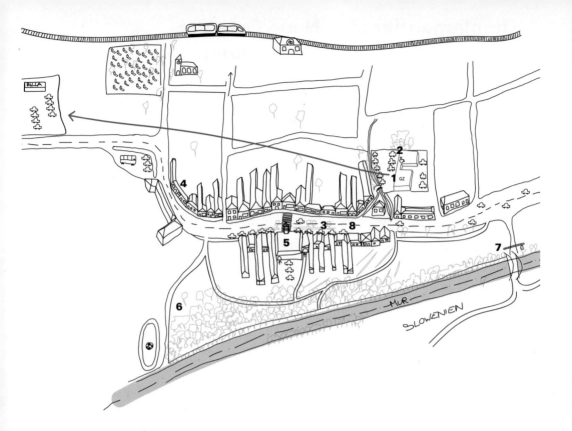

Mureck	1	Gesundheitszentrum
	2	Grieslerei
	3	Apotheke
	4	Optiker
	5	Rathaus
	6	Campingplatz
	7	Zollbrücke Mureck
	8	Hauptplatz

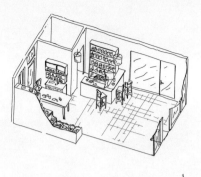

Der Wunsch nach einem Gesundheitszentrum ist in vielen Gemeinden groß. Neben der Aussicht auf eine gesicherte Gesundheitsversorgung sollen Personenfrequenz, Arbeitsplätze und die Attraktivität für Zuziehende erhöht werden. Vor diesem Hintergrund machten sich drei Studierende auf den Weg in die Südoststeiermark und besuchten Mureck. In dieser kleinen Stadt direkt an der slowenischen Grenze siedelte 2014 der Supermarkt aus dem Zentrum ab. Dieser grundsätzlich bedauerliche Umstand schuf allerdings Raum für ein Gesundheitszentrum mit Drogerie und Kaffeehaus.

• Grieslerei

Die Grieslerei wurde von Frau Dr. Gries gestaltet. Sie vereint im Erdgeschoss ein Café und eine Drogerie und erleichtert als «Brückenraum» zwischen Alltag und medizinischer Versorgung den niederschwelligen Zugang zum Gesundheitszentrum.

Eva Steinkellner   Mitarbeiterin der Grieslerei

«Die meisten Kunden sind schon Patienten, aber es kommen auch Leute vom Campingplatz, da hatten wir im Sommer eine super Truppe, die sind jeden Tag wiedergekommen, oder auch die Taxifahrer, die die Leute zum Arzt bringen und auf sie warten kommen immer rein auf einen Kaffee.»

Sonja Wolf   Betreiberin der Grieslerei

«Ich war eigentlich Patientin bei der Frau Dr. Gries […] und sie wollte dann im neuen Gesundheitszentrum eine Drogerie eröffnen. Da hab ich dann gemeint, dass man da ja auch ein Café aufmachen könnte.»

Toni Vukan   Bürgermeister

«Das Ziel des Gesundheitszentrums war natürlich auch ein bisschen der wirtschaftliche Aspekt. Die, die von außen ins GZ kommen, die kaufen dann auch hier ein oder trinken einen Kaffee. Das bringt noch mehr Arbeitsplätze.»

Speisen

Netzwerke und Logistik der Nahrungsmittel

**Wohnhaus
St. Cyriak,
Pfarrwerfen**

**Hospizhaus,
Hall in Tirol**

**Ceren Görgün
Karin Kienast
Christof Specht**

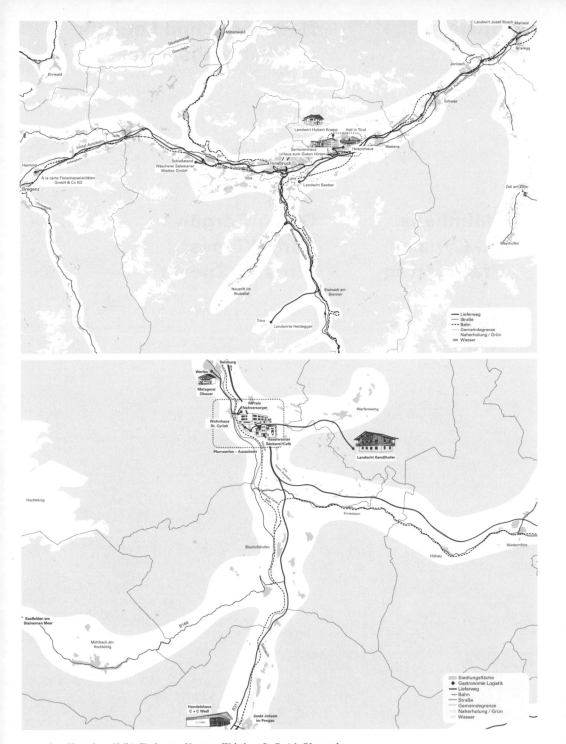

oben: Hospizhaus, Hall in Tirol, unten: Verortung Wohnhaus St. Cyriak, Pfarrwerfen

Der Ausflug stellte das Grundbedürfnis der Nahrungsaufnahme im Hospizhaus in Hall in Tirol und in der Pflegeeinrichtung St. Cyriak in Pfarrwerfen (Salzburg) ins Zentrum. In beiden Einrichtungen wurden die Zusammenhänge und Voraussetzungen der raumplanerischen und architektonischen Aspekte mit der Nahrungsproduktion, -herstellung und -aufnahme auf unterschiedlichen räumlichen Ebenen untersucht. So wurden die regionale Logistik der Essenslieferung, die Raumorganisation in den Einrichtungen, der Stellenwert des Essens und die Tagesabläufe der Patient:innen und Bewohner:innen in den Räumen erforscht. In Kartierungen und grafischen Darstellungen wird deutlich, dass der Aspekt des Essens eine wesentliche, wenn auch jeweils unterschiedliche Rolle in den beiden Gesundheitseinrichtungen spielt und räumliche Überlegungen ein wichtiges Planungselement für das Wohlbefinden der Bewohner:innen bilden. Während im Hospizhaus die Menschen individuell ent- 163 scheiden, wo und wann sie essen, finden die Mahlzeiten und teilweise auch deren Zubereitung in der Pflegeeinrichtung immer gemeinsam und grundsätzlich zu regelmäßigen Zeiten im Ess- und Kochbereich statt. Die Untersuchung zeigt die besonderen Zusammenhänge von Nahrungszubereitung durch Mitarbeiter:innen, Pfleger:innen und Lieferant:innen und der Nahrungsaufnahme von Menschen mit unterschiedlichen Bedürfnissen und in herausfordernden Lebenslagen. Den Fragen zur spezifischen Gestaltung und Anordnung der Räume für die Lieferlogistik von Nahrungsmitteln, die Zubereitung der Speisen und die Mahlzeiten geht das Verstehen der alltäglichen Routinen, Abläufe und Handlungsmuster von Bewohner:innen, Mitarbeiter:innen und auch Besucher:innen voraus.

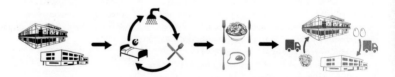

Wie ist das Leben in den Einrichtungen?

Wie sehen Tagesabläufe aus?

Welchen Einfluss und Stellenwert hat das Essen?

Wie sieht die Logistik des Essens aus?

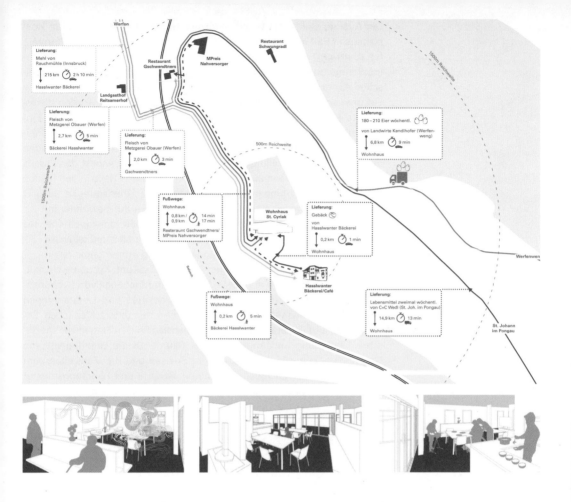

Die Besonderheit des Wohnhauses St. Cyriak liegt bei der frischen Zubereitung des Essens. Alltagsmanager:innen kochen täglich vor Ort in der Einrichtung und organisieren die Speiseplanung. Sie kümmern sich darum, welche Nahrungsmittel benötigt werden und bestellen diese bei Lieferant:innen. Die bestellten Nahrungsmittel werden sowohl von regionalen Landwirten als auch vom über-regionalen Lebensmittelgroßhandel geliefert. Lieferant:in-nen sind beispielsweise die nahe gelegenen Landwirte, die wöchentlich 180 bis 200 Eier an das Seniorenwohnhaus liefern. Im Ort, nur 200 Meter vom Wohnhaus entfernt, sorgt die Bäckerei Hasslwanter täglich für frisches Gebäck. Ein Großhandelsbetrieb in Sankt Johann im Pongau lie-fert zweimal wöchentlich Nahrungsmittel des täglichen Bedarfs.

Hermin Gajip   Alltagsmanager
                   des Seniorenwohnhauses

«Bei uns gibt's immer was zu essen sobald der Alltags-manager im Haus ist – ob das ein Kaffee, Frühstück, Mittagessen oder auch Abendessen ist. Er ist nicht dazu da, dass er irgendwelche Anweisungen gibt, wann ge-gessen wird, sondern er muss da sein, um die Bewoh-ner:innen bestmöglich zu versorgen.»

Bernhard Weiss   Bürgermeister Pfarrwerfen,
                    Obmann des Wohnhauses

«Fixe Zeit ist eben Mittagessen ab 11:30. Der Rest ist flexi-bel. Das Essen ist so wie wie das Zubereiten ganz wesent-lich im Tagesablauf, weil alles selbst gemacht wird. Es wird traditionell gekocht, was die Bewohner:innen von früher her kennen – Hausmannskost. [...] Wir haben gesagt, um eine Struktur im Tagesablauf beizubehalten soll das Mittagessen frühestens um 11:30 ausgegeben werden.»

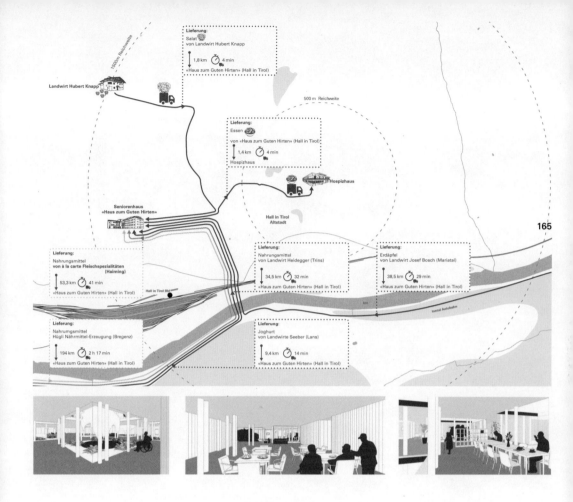

Lieferung:
Salat
von Landwirt Hubert Knapp

1,8 km   4 min
«Haus zum Guten Hirten» (Hall in Tirol)

Landwirt Hubert Knapp

1500m Reichweite

500 m Reichweite

Lieferung:
Essen
von «Haus zum Guten Hirten» (Hall in Tirol)

1,4 km   4 min
Hospizhaus

Hospizhaus

Seniorenhaus
«Haus zum Guten Hirten»

Hall in Tirol
Altstadt

165

Lieferung:
Nahrungsmittel
von à la carte Fleischspezialitäten
(Haiming)

53,3 km   41 min
«Haus zum Guten Hirten» (Hall in Tirol)

Hall in Tirol Bhf

Lieferung:
Nahrungsmittel
von Landwirt Heidegger (Trins)

34,5 km   32 min
«Haus zum Guten Hirten» (Hall in Tirol)

Lieferung:
Erdäpfel
von Landwirt Josef Bosch (Mariatal)

38,5 km   29 min
«Haus zum Guten Hirten» (Hall in Tirol)

Inntal Autobahn

Inn

Lieferung:
Nahrumgsmittel
Hügli Nährmittel-Erzeugung (Bregenz)

194 km   2 h 17 min
«Haus zum Guten Hirten» (Hall in Tirol)

Lieferung:
Joghurt
von Landwirte Seeber (Lans)

9,4 km   14 min
«Haus zum Guten Hirten» (Hall in Tirol)

Für das Hospizhaus Hall in Tirol wird das Mittag- und Abendessen täglich vom Seniorenwohnhaus «Haus zum guten Hirten» im selben Ort geliefert. Teils werden die Speisen in der Kantinenküche des Seniorenwohnhauses zubereitet, teils werden bestimmte Beilagen oder Speisen von einem Nahrungsmittelunternehmen in Bregenz vorbereitet und geliefert. Auf Frische und individuelle Wünsche wird viel Wert gelegt, weshalb das Hospizhaus bei den wöchentlichen Essensplänen jederzeit Änderungen oder Sonderwünsche für die Patient:innen anfragen kann. Bei Gemüse und Obst wird auch ein wesentliches Augenmerk auf die Regionalität der Produkte gelegt. So Beispielsweise liefert der im Ort gelegene Landwirt Huber Knapp regelmäßig den frisch gepflückten Salat zum Seniorenwohnhaus «Haus zum guten Hirten», Nachdem man den Salat in der Kantineküche weiterverarbeitet und anrichtet, wird er mit einem Lieferwagen weiter ins Hospizhaus geliefert.

Christine Haas-Schranzhofer   Pflegedirektorin des Hospizhauses

«Jeder Tag ist anders, also ganz abhängig von den Patient:innen, die gerade im Haus sind, und wir versuchen, für unsere Patientinnen und Patienten die bestmögliche Lebensqualität zu finden und sie darin zu unterstützen, dass sie die bestmögliche Lebensqualität haben. [...] Was brauchen die Menschen oder was wollen sie sind tun? Daran orientiert sich der Tagesablauf. Das heißt, wir haben normalerweise vierzehn Patient:innen stationär, das können vierzehn verschiedene Tagesabläufe sein.»

5

Praktiken des Erforschens

Schon bei der ersten Betrachtung der räumlichen Dimension unterschiedlicher Gesundheitspraktiken zeichnen sich unzählige Wirkrichtungen, Themen und Fragestellungen ab. Um diesen auf die Spur zu kommen und sie besser zu verstehen, ist ein vielfältiger Zugang nötig. Deshalb machten sich die studentischen Co-Forscher:innen mit einem breiten methodischen Werkzeugkasten auf den Weg, den sie je nach Gegebenheit anwendeten, erweiterten oder adaptierten.

Lene Benz

Praktiken des Erforschens

Wie fährt es sich mit einem Gehwagen durch die Ortschaft? Die Studierenden des Seminars stellten sich dem Experiment.

Ausgestattet mit einem Werkzeugkoffer gefüllt mit Methoden sollten die Co-Forscher:innen losziehen auf ihre Field Trips durch ganz Österreich. Im Mittelpunkt des Projektdesigns stand die Erforschung und Raumerkundung ausgewählter Gesundheitsinfrastrukturen.

Die Analyse der Interaktionsnetze zwischen Akteur:innen, sozialen Infrastrukturen, Gesundheit, Institutionen, Architektur und Planung stand im Mittelpunkt des Forschungsinteresses. Auf Basis der Akteur-Netzwerk-Theorie (ANT) von Bruno Latour sollten die Netzwerke analysiert und mit Mappings visualisiert werden. Diese soziologische Theorie und Forschungsmethode begreift gesellschaftliches Handeln als ein Verhalten, das nicht allein von Personen, sondern immer in Abhängigkeit zu anderen Akteur:innen oder Aktanten, also nicht-menschlichen Wesen, hervorgebracht wird (vgl. Latour 2007).

Ein den Field Trips vorausgegangener Input führte in die Methoden 169 der Stadtforschung ein und verdeutlichte die Herangehensweise. Es wurde auf Verhaltenskodizes hingewiesen und methodische wie ethische Standards der empirischen Forschung geklärt. Dies erschien umso erforderlicher, als man in diesem Untersuchungsfeld zu vorrangig vulnerablen Bevölkerungsgruppen in Kontakt stehen würde.

Mit Beginn des Semesters ereilte das Forschungsprojekt die zweite Welle der COVID-19-Pandemie und forderte alle Beteiligte heraus, aus teils großer Entfernung empirisch zu forschen. Die Forschungsreisen verschoben sich auf unbestimmte Zeit und das Forschungsdesign musste an die neuen Umstände angepasst werden. Eine Studierendengruppe beschreibt die Herausforderung: «Dadurch hat sich der Forschungsverlauf verschoben und verändert, auch wegen der fehlenden gemeinsamen Reise in die Region. Das angepasste Methodenset wie Online-Interviews und Recherchen war teils langwieriger als geplant. Dennoch konnten die für die Erkenntnisgewinnung notwendigen Informationen zusammengetragen werden und in die Forschungsarbeit einfließen.»[1] Die Kontaktaufnahme und die weitere Korrespondenz verliefen vorwiegend online oder telefonisch. Einige Expert:innen aus Alltag und Fachbereich nahmen aktiv an den Forschungsprojekten teil. In eigens angelegten Chatgruppen lieferten sie mit Fotos und Videos Einblicke in Gesundheitseinrichtungen und erlaubten damit ein distanziertes Forschen in Echtzeit. Erfreulicherweise konnten einzelne Co-Forscher:innen die geplanten Field Trips nachholen: «Highlight war der Besuch im Mitdafinerhus, da sich erst durch den Besuch und das Kennenlernen der Akteur:innen und Bewohner:innen vor Ort ein ganzheitliches Bild ergeben hat. [...] In der Situation sind zehn persönliche Gespräche mit den Bewohner:innen des Mitdafinerhus entstanden. Diese Gespräche haben einen besseren Einblick in den Alltag im Mitdafinerhus gewinnen lassen»[2], berichten die Studierenden des Projekts «Mitdafinerhus Dafins».

Das gesamte Team sah sich mit einer herausfordernden Forschungssituation konfrontiert, auf die einfallsreich reagiert werden musste. Auf den folgenden Seiten sollen vier Methoden näher vorgestellt und reflektiert sowie anhand studentischer Arbeiten illustriert werden.

1, 2   Aus dem Forschungsbericht der Studierendengruppe

5   Praktiken des Erforschens

1   Ausschweifen & spazieren

Das Dérive (zu deutsch: das Abschweifen, Driften) ist als experimentelle Praktik der Stadterfahrung von Künstler:innen, Philosoph:innen, Architekt:innen und anderen Intellektuellen Mitte des 20. Jahrhunderts in Paris entwickelt worden. Durch das ziellose Umherschweifen sollte der städtische Raum in seiner sozialen und gebauten Beschaffenheit situativ neu entdeckt werden. Dabei entstanden Karten, in denen fragmentarisch einzelne Stadtteile zusammengesetzt wurden – eine Collage aus verschiedenen Straßenzügen, Plätzen, Passagen etc., die der subjektiven Wahrnehmung entsprach. Das Städtische wurde nicht als formal bestehendes Konstrukt, sondern als ein auf subjektiver Raumerfahrung beruhendes, soziales Gefüge verstanden. Diese praktizierte Aneignung und Zweckentfremdung bestehender Elemente sah Guy Debord, ein Hauptvertreter der Situationistischen Internationalen (S.I.), als Strategie zur Rückeroberung des urbanen Raums (vgl. Debord 1996, 13 ff).

Anfang der 1980er Jahre entwickelte der Soziologe Lucius Burckhardt zusammen mit seiner Frau, der Künstlerin Annemarie Burckhardt, die Spaziergangswissenschaften. Als Professor im Fachbereich Architektur, Stadt- und Landschaftsplanung der Universität Kassel kombinierte er Spaziergänge im Kasseler Umland mit Lektürevorlesungen oder künstlerischen Interventionen. Burckhardt interessierte dabei weniger die eindrucksvolle Aussicht, als vielmehr die Sichtweisen und das Beziehungsgefüge der Spaziergänger:innen zu ihrer Umwelt. «Die Spaziergangswissenschaft ist also ein Instrument sowohl der Sichtbarmachung bisher verborgener Teile des Environments als auch ein Instrument der Kritik der konventionellen Wahrnehmung selbst», schreibt Buckhardt (2006, 265) über seine neuentwickelte Disziplin. Buckhardt knüpft damit an die Praktik des Dérives an, in dem ebenfalls die Wahrnehmung und subjektive Erfahrung von Räumen im Vordergrund der Methode steht.

Ausgestattet mit einem Set an Spielregeln konnte der Stadtraum neu entdeckt werden: Die Studierenden des Projekts «Apotheke zum Löwen von Aspern» ließen die Augenzahlen eines Würfels über die zu wählenden Straßen oder Richtungen entscheiden. «Die Durchzugsstraße lässt uns Fußgänger:innen kaum queren, zu stark ist der morgendliche Verkehr. Der Dérive-Würfel schickt uns aber hin und her – von einer Straßenseite auf die andere. Wir biegen ab, weg von der lauten Straße – auf einmal ist es ganz ruhig. Zwar gibt es viele parkende Autos, aber der Spaziergang wird wieder angenehm. Plötzlich stehen wir in einem Einfamilienhausgebiet aus der Biedermeierzeit. Wir spazieren weiter und erfreuen uns an den wunderschönen Fassadenbegrünungen, nachdem uns der Würfel dazu anhält, verschiedene Fassadenmaterialien zu berühren [...]» Die Eindrücke des Dérive flossen in ein Stimmungsbild ein, das die Studierenden folgendermaßen beschrieben: «Ein Stimmungsbild hat nicht den Anspruch, die Realität zur Gänze abzubilden. Exakten Entfernungen und Größenverhältnissen wird keine Relevanz beigemessen, Objekte werden nach eigener Wahrnehmung sortiert. Der Dérive-Spaziergang hat uns dabei geholfen, uns nicht nur von unserem raumplanerischen Blick leiten zu lassen, sondern auch vom Zufall, um so blinde Flecken aufzuspüren.»[3]

In Bad Zell sollte der Gang zu Fuß unter veränderten Voraussetzungen bestritten werden: Die Studierenden des Projekts «Mehrzeller Nachbarschaft und Haus für Senioren» wagten einen Selbstversuch und gingen bei ihrem Forschungsspaziergang mit einem Rollator durch den Ort. Für Menschen mit Mobilitätseinschränkung ist der Rollator eine wichtige Gehhilfe und schenkt ihnen mehr Unabhängigkeit in ihrem Alltag. Aber wie fühlt sich das Gehen mit einem Rollator an und welche Bodenbeschaffenheit ist besonders geeignet? Diesen Fragen sind die Studierenden in ihrem Experiment auf den Grund gegangen und stellten unmittelbar fest, dass ein abgesenkter Bordstein, Verkehrsinseln oder ein ebener Bodenbelag zu einer inklusiven Raumplanung gehören.

Die zu erforschenden Orte, die bisher auf Karten gelesen und analysiert wurden, werden mit der Praktik des Dérives physisch und systematisch begangen. Diese Erfahrungen ermöglichen persönliche Begegnungen, legen Emotionen frei oder ergänzen das Gesehene durch Geräusche, Farben, Atmosphäre und Gerüche. In der Annäherung an den Untersuchungsort ist der Dérive besonders wirksam, da er die Forscher:innen

172

dazu befähigt, sich ohne Vorkenntnisse auf den Ort einzulassen – sich auf dem Weg zu verlieren oder zu verlaufen ist sogar ausdrücklich erwünscht.

Das systematische Umherschweifen oder Spazierengehen wird in den Planungsdisziplinen angewendet, aber als Methode wenig reflektiert. Der körperlichen und wahrnehmungsbasierten Raumerfahrung wird aufgrund einer fehlenden «objektiven» Messbarkeit mit Skepsis begegnet. Es bleibt zu wünschen, dass diese Forschungspraktiken in ihrer Qualität und Wirkung erkannt werden und in zukünftige Planungsprozesse Eingang finden – auch im Sinne einer humaneren Gestaltung der gebauten Umwelt.

In einer Collage stellen die Studierenden ihre Gedanken, Wünsche und Erfahrungen am Beispiel Perchtoldsdorf dar.

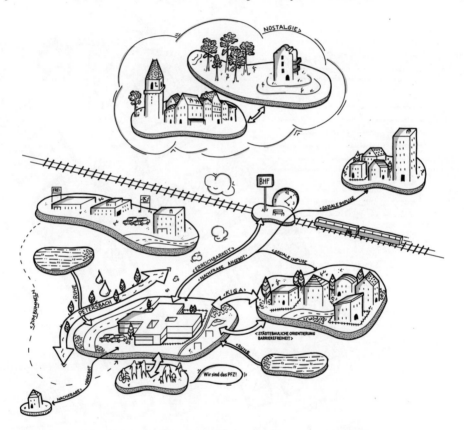

Beim Derive entscheidet der Würfel über die zu begehenden Wege oder gibt – wie in diesem Fall – Handlungsanweisungen.

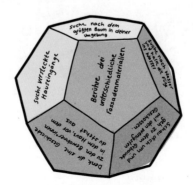

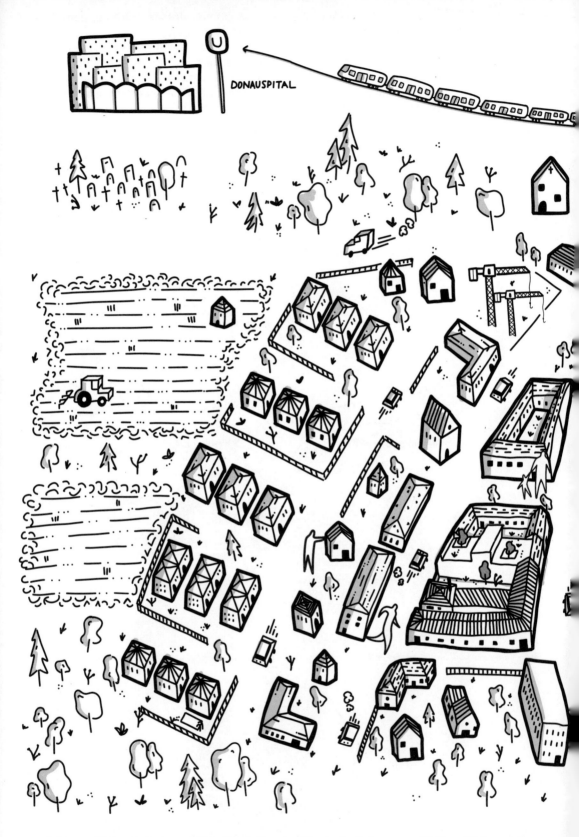

DONAUSPITAL

Ein Stimmungsbild hat nicht den Anspruch die Realität zur Gänze abzubilden. Exakten Entfernungen und Größenverhältnissen wird keine Relevanz beigemessen, Objekte werden nach eigener Wahrnehmung sortiert.

Der Derivé-Spaziergang hat die Studierenden gelehrt, sich nicht nur vom raumplanerischen oder architektonischen Blick leiten zu lassen, sondern auch vom Zufall, um so blinde Flecken aufspüren zu können.

2   **Fragen formulieren &**   177
         adressieren

Wem stelle ich welche Fragen und wann ist der richtige Zeitpunkt dafür? Wie formuliere ich die Fragen, um möglichst präzise Antworten zu erhalten?

Neben den gewonnenen Antworten sind am Ende eines Interviews meistens etliche neue Fragen entstanden.

Die Methode der Befragung gilt als ein Grundpfeiler in der empirischen Sozialforschung. Sie ermöglicht eine strukturierte Ermittlung von dichtem, relevantem Datenmaterial und die Untermauerung oder Widerlegung aufgestellter Thesen. Das dabei gesammelte Wissen hilft, komplexe Sachverhalte und subjektive Lebenswelten zu durchdringen oder Gelingensbedingungen in Projekten zu ermitteln. Im Moment der Erzählung wird die zu erforschende Wirklichkeit überhaupt erst rekonstruiert und das Datenmaterial damit «künstlich» bzw. «reaktiv» erzeugt. Die Befragungsformen reichen von leitfadengestützten, narrativen oder semi-strukturierten Interviews über Expert:inneninterviews bis hin zu standardisierten Umfragen mittels Fragebögen (vgl. Eckardt 2014).

Bereits in der Struktur der Befragungssituation sowie in der Beziehung zwischen Forschenden und Beforschten sind «alle möglichen Verzerrungen angelegt. Es geht darum, diese Verzerrungen zu erkennen und zu kontrollieren» (Bourdieu 2005, 394). Ein gewisses Maß an Reflexion «erlaubt es, im Feld, also während das Interview geführt wird, die Effekte der gesellschaftlichen Struktur, innerhalb der sich dieses Interview vollzieht, wahrzunehmen und zu kontrollieren.» (ebd.). Die Rolle der Interviewer:innen besteht folglich darin, diese «versteckten» Verzerrungen zu erkennen und mit dem deskriptiven Interviewmaterial in die Auswertung einfließen zu lassen.

Bei Space Anatomy lag das Forschungsinteresse auf der Planungs- und Architekturpraxis rund um die Entstehung institutioneller Gesundheitsinfrastrukturen sowie auf dem Alltag in Betrieb, Erhaltung und Benutzung dieser Einrichtungen und deren Umfeld. In einer vorausgegangenen Onlinerecherche ermittelten die Studierenden zentrale Akteur:innen – sogenannte Gatekeeper[4] –, um sich das lokale Netzwerk aus Alltags- sowie Fachexpert:innen[5] erschließen zu können. Im weiteren Forschungsverlauf fanden unterschiedliche Befragungsmethoden und -settings Anwendung und die Studierenden führten teils vor Ort, teils online die Interviews durch.

In der studentischen Arbeit über das Projekt «Mitdafinerhus Dafins» stand die Methode der leitfadengestützten Interviews im Mittelpunkt der Datengewinnung: «Die Leitfäden der jeweiligen Interviews sind mit steigender Übung immer strukturierter geworden und die Interviews wurden somit zum Kern der Informationsgewinnung. Besonders durch die Interviews, auch in Ermangelung online oder in der Literatur aufzufindender Daten, konnten die wesentlichen informellen und formellen Strukturen der Projekte verstanden werden.»[6]

In Bad Zell sind die Einwohner:innen dem Aufruf gefolgt und markierten ihre Lieblingsorte auf einer Karte, die die Studierenden in der örtlichen Sparkassenfiliale aufgehängt hatten. Die Bankfiliale am zentral gelegenen Marktplatz erwies sich trotz pandemiebedingter Ausgangsbeschränkungen als ein frequentierter und wettergeschützter Standort, sodass eine rege Beteiligung zustande kam. Die Studierenden des Projekts «Mehrzeller Nachbarschaft und Haus für Senioren» berichteten: «Zusätzlich zum Plakat haben wir einen Zettel aufgelegt mit Fotos von uns, einer Kurzbeschreibung der Forschung und einer Telefonnummer für Rückfragen»[7]. Damit entzogen sich die Studierenden der anonymen Rolle von Forscher:innen und erlaubten eine gegenseitige Kontaktaufnahme. Zur ausführlichen Befragung der Bewohner:innen der Mehrzeller Nachbarschaft erstellten die Studierenden eine Interviewmappe. Dabei mussten sie «besonders auf den körperlichen und geistigen Zustand der Bewohner:innen Rücksicht nehmen»[8] und

4   Gatekeeper werden auch Insider oder Schlüsselpersonen genannt, die den Forscher:innen den Zugang zu anderen Personen und Wissen am Untersuchungsort erleichtern.
5   Der Begriff Alltagsexpert:in stammt von dem Theaterkollektiv Rimini-Protokoll und bezeichnet all jene Personen, die als nicht-professionelle Akteur:innen Auskunft über ihr Lebensumfeld und ihre Biografie geben – als Expert:innen ihrer eigenen Alltagswelt (vgl. Schließmann 2009, 5 ff.).
6–10 Aus dem Forschungsbericht der Studierendengruppe

den Aufbau des Fragenkatalogs inklusiv und barrierefrei gestalten. Mittels Multiple Choice-Fragen erleichterten sie den Bewohner:innen das Beantworten, «da feinmotorische Fähigkeiten bei vielen älteren Menschen mit teils hohen Pflegestufen zunehmend schwächer werden».[9] In der Interviewmappe gab es «demografische und personenspezifische Fragen, Fragen zu Orten der Interaktion in der Gemeinde sowie im Haus für Senioren selbst und allgemeine Fragen zur Mehrzeller Nachbarschaft».[10] Auch Studierende anderer Gruppen legten standardisierte Fragebögen auf oder brachten sie anderweitig in Umlauf. Beim Projekt «Gesundheitszentrum Mureck» veröffentlichte die Gemeindezeitung einen Aufruf, an der Befragung teilzunehmen.

Bei allen Studierendengruppen gehörte die Befragung zu einer willkommenen Methode, um an Informationen zum entsprechenden Forschungsgegenstand zu gelangen. Die Schwächen der Methode zu reflektieren stand ebenso im Fokus der Anwendung wie die relevanten Essenzen des Interviewmaterials herauszufiltern.

179

Zur ausführlichen Befragung erstellten die Studierenden eine Interviewmappe und brachten diese bei den Bewohner:innen der Mehrzeller Nachbarschaft in Umlauf

3 **Mapping & kartieren** 181

Die Karte dient als Repräsentationsmedium von sozialräumlichen Zusammenhängen. Planer:innen nähern sich mit Karten und Plänen den Forschungsgebieten aus der Vogelperspektive an und erschließen sich dadurch die räumlichen Kontexte. Kartierungen dienen als Analysewerkzeug, um Objekte, Topografien, Standorte und Sachverhalte grafisch darzustellen und in der Komplexität eines Ortes zu verstehen. Mit dem Mapping können sowohl quantitative als auch qualitative, objektive wie subjektive Elemente beschrieben werden. Bewertung und Interpretation sind immer Teil dieses analytischen Prozesses. «Durch die Übertragung von qualitativem und quantitativem Datenmaterial in die abstrahierte Form von Grafiken und Karten lassen sich Beziehungen innerhalb des Raumes sichtbar machen. Über diese Visualisierung hinaus bietet eine Kartierung außerdem die Möglichkeit, die dialektischen Prozesse zwischen der räumlichen Umwelt und dem Verhalten der Menschen zu analysieren bzw. sie in einem gesellschaftlichen Kontext zu interpretieren.» (Wildner/Tamayo 2004, 105)

182 Historisch betrachtet dienten Karten einerseits vor allem Staatsmächten als politisches Machtinstrument, um begehrte Territorien zu ermitteln und Ansprüche darauf zu erheben. Andererseits gaben Regierende selbst Kartierungen in Auftrag und wirkten damit aktiv auf deren Darstellung ein. Strategisch vorteilhafte oder repräsentative Orte wie Straßen, Regierungssitze, Städte wurden in Karten hervorgehoben – andere Informationen wie Militärstützpunkte oder Ressourcenvorkommen dagegen verschwiegen. Dieses geopolitische Vorgehen findet nach wie vor Anwendung.

Die Kartierungen der studentischen Arbeiten reichen von topgrafischen Mappings bis hin zu räumlich dargestellten Netzwerken, Wortwolken, Wegenetze- und Wahrnehmungskartierungen (Mental Maps). Als Kartengrundlagen legten die Studierenden Grundrisse, Lagepläne sowie örtliche und regionale Strukturkarten in verschiedenen Maßstabsebenen an (s. Katalog). Im studentischen Projekt «Sozialzentrum und Haus Mitanand» in Bezau wurde mittels einer Netzwerkkarte das komplexe Geflecht aus Beziehungen von Akteur:innen und deren Verantwortungsbereichen sowie Orte, Architektur und Infrastruktur begreif- und sichtbar gemacht. Als Grundlage hierfür diente ein schriftliches Leitfadeninterview mit dem Geschäftsführer vom Haus Mitanand.

In Karten und Mappings können neben «messbaren» Sachverhalten (Mobilität, Territorien etc.) auch «nicht messbare» Sachverhalte wie subjektive Wahrnehmungen, Geräusche, Gerüche oder Emotionen dargestellt und verortet werden. Eine Karte oder ein Mapping stellt damit ein heterogenes Ensemble von unterschiedlichen Wissenssorten in dessen räumlicher Verortung dar. Diese kontextreichen, nicht unbedingt stringenten Inhalte lassen neue Lesarten zu und bringen mit der Interpretation wiederum neues Wissen hervor.

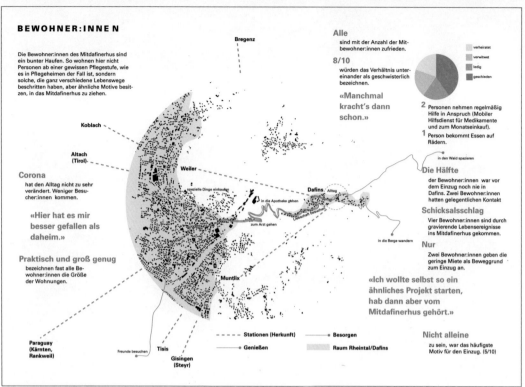

BEWOHNER:INNEN

Die Bewohner:innen des Mitdafinerhus sind ein bunter Haufen. So wohnen hier nicht Personen ab einer gewissen Pflegestufe, wie es in Pflegeheimen der Fall ist, sondern solche, die ganz verschiedene Lebenswege beschritten haben, aber ähnliche Motive besitzen, in das Mitdafinerhus zu ziehen.

Bregenz

Koblach

Altach (Tirol)

Weiler

Corona

hat den Alltag nicht zu sehr verändert. Weniger Besucher:innen kommen.

«Hier hat es mir besser gefallen als daheim.»

Praktisch und groß genug

bezeichnen fast alle Bewohner:innen die Größe der Wohnungen.

Dafins — Alltag

spezielle Dinge einkaufen

in die Apotheke gehen

Liebenswürd. Besuche

zum Arzt gehen

Muntlix

Paraguay (Kärnten, Rankweil)

Freunde besuchen

Tisis

Gisingen (Steyr)

in den Wald spazieren

in die Berge wandern

- - - Stationen (Herkunft)   •—— Besorgen
—— Genießen   Raum Rheintal/Dafins

Alle

sind mit der Anzahl der Mitbewohner:innen zufrieden.

8/10

würden das Verhältnis untereinander als geschwisterlich bezeichnen.

«Manchmal kracht's dann schon.»

verheiratet
verwitwet
ledig
geschieden

2 Personen nehmen regelmäßig Hilfe in Anspruch (Mobiler Hilfsdienst für Medikamente und zum Monatseinkauf).

1 Person bekommt Essen auf Rädern.

Die Hälfte

der Bewohner:innen war vor dem Einzug noch nie in Dafins. Zwei Bewohner:innen hatten gelegentlichen Kontakt

Schicksalsschlag

Vier Bewohner:innen sind durch gravierende Lebensereignisse ins Mitdafinerhus gekommen.

Nur

Zwei Bewohner:innen geben die geringe Miete als Beweggrund zum Einzug an.

«Ich wollte selbst so ein ähnliches Projekt starten, hab dann aber vom Mitdafinerhus gehört.»

Nicht alleine

zu sein, war das häufigste Motiv für den Einzug. (5/10)

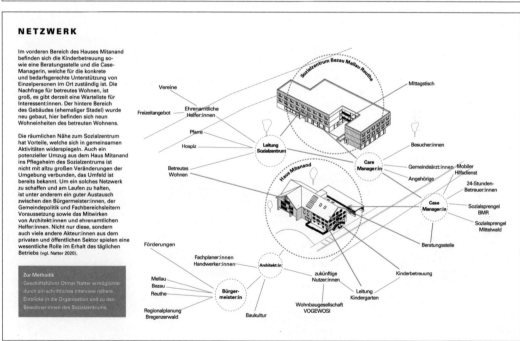

NETZWERK

Im vorderen Bereich des Hauses Mitanand befinden sich die Kinderbetreuung sowie eine Beratungsstelle und die Case-Managerin, welche für die konkrete und bedarfsgerechte Unterstützung von Einzelpersonen im Ort zuständig ist. Die Nachfrage für betreutes Wohnen, ist groß, es gibt derzeit eine Warteliste für Interessent:innen. Der hintere Bereich des Gebäudes (ehemaliger Stadel) wurde neu gebaut, hier befinden sich neun Wohneinheiten des betreuten Wohnens.

Die räumlichen Nähe zum Sozialzentrum hat Vorteile, welche sich in gemeinsamen Aktivitäten widerspiegeln. Auch ein potenzieller Umzug aus dem Haus Mitanand ins Pflegeheim des Sozialzentrums ist nicht mit allzu großen Veränderungen der Umgebung verbunden, das Umfeld ist bereits bekannt. Um ein solches Netzwerk zu schaffen und am Laufen zu halten, ist unter anderem ein guter Austausch zwischen den Bürgermeister:innen, der Gemeindepolitik und Fachbereichsleitern Voraussetzung sowie das Mitwirken von Architekt:innen und ehrenamtlichen Helfer:innen. Nicht nur diese, sondern auch viele andere Akteur:innen aus dem privaten und öffentlichen Sektor spielen eine wesentliche Rolle im Erhalt des täglichen Betriebs (vgl. Natter 2020).

Zur Methodik
Geschäftsführer Otmar Natter ermöglichte durch ein schriftliches Interview nähere Einblicke in die Organisation und zu den Bewohner:innen des Sozialzentrums.

Sozialzentrum Bezau Mellau Reuthe

Vereine

Ehrenamtliche Helfer:innen

Freizeitangebot

Pfarre

Hospiz

Leitung Sozialzentrum

Betreutes Wohnen

Haus Mitanand

Förderungen

Fachplaner:innen
Handwerker:innen

Architekt:in

Mellau
Bezau
Reuthe

Bürgermeister:in

Regionalplanung
Bregenzerwald

Baukultur

zukünftige Nutzer:innen

Wohnbaugesellschaft VOGEWOSI

Leitung Kindergarten

Kinderbetreuung

Beratungsstelle

Case Manager:in

Sozialsprengel Mittelwald

Sozialsprengel BMR

24-Stunden-Betreuer:innen

Angehörige

Gemeindeärzt:innen   Mobiler Hilfsdienst

Care Manager:in

Besucher:innen

Mittagstisch

---

oben: Wer wohnt im Mitdafinerhaus und warum? Die Grafik liefert Antworten über die Motive zum Einzug ins Mitdafinerhaus.
unten: Die Netzwerkkarte zeigt das Zusammenspiel von Akteur:innen, Institutionen und Architektur während der Entstehung des Hauses Mitanand in Bezau.

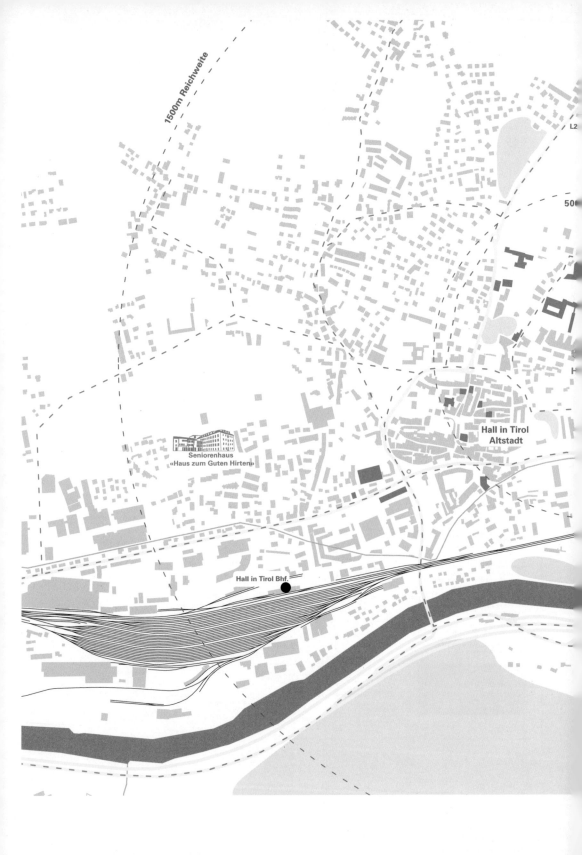

1500m Reichweite

L2

50

Hall in Tirol
Altstadt

Seniorenhaus
«Haus zum Guten Hirten»

Hall in Tirol Bhf.

Zentrum für Hör- und
Sprachpädagogik

trisches
haus Hall

UMIT–Private Universität
für Gesundheitswissenschaften

Landeskrankenhaus

B171

Inn

Inntal Autobahn

Gebäude
Soziale Infrastruktur
Buslinie
Naherholung / Grün
Wasser
Bahn

Übersichtsplan, Verortung in der Gemeinde

**4   Fotografieren &   187
           dokumentieren**

Mit Hilfe der Fotografie können signifikante Informationen dokumentiert, gesammelt oder synthetisiert werden und es lassen sich prägnante Situationen, Details, Objekte oder Veränderungen abbilden. Damit dient die Fotografie in Entwurfs- und Forschungsprozessen eher als Katalysator, wohingegen Zeichnungen oder Mappings einen «produzierenden» Charakter besitzen (Gerber et al. 2017, 94). Gleiches gilt für die Collage: Zwar verwendet diese Technik häufig Fotografien, stellt jene aber in einen dichten, einander überlagernden Zusammenhang und lässt dadurch ein neues Bild oder eben auch neues Wissen entstehen. Die Methode der Fotografie ist jedoch nicht unproblematisch, da sie nur einen Ausschnitt von weitaus komplexeren Zusammenhängen wiedergibt. Der Schweizer Architekt Marcel Meili meinte: «Das Foto ist ja eigentlich ein Bild von Abwesendem: Es fehlt die Möglichkeit des schweifenden Blicks, der Geruch, die Geräusche, die Bewegung und vor allem fehlt das Erlebnis eines Raums während 24 Stunden, während eines ganzen Jahres.» (Meili 1997, 24)

188 Ungeachtet dessen findet die Fotografie oder visuelle Analyse als wissenschaftliche Methode in der Architektur und in der Raumplanung bislang kaum systematische Anwendung (vgl. Eckardt 2014).

Das ist insofern bemerkenswert, als gerade die Fachbereiche Human- und Sozialwissenschaften der forschungsbasierten Anwendung visueller Daten mit äußerster Skepsis begegnen. Insbesondere die damit einhergehende Perspektive der Fotografierenden auf die fotografierte Person wird dabei in Frage gestellt (Banks 2007, 11 ff., Eckardt 2014).

Im Herbst 2020 begaben sich die Studierenden des Projekts «Apotheke zum Löwen von Aspern» auf den Weg, um die Apotheke und ihren baulichen Kontext zu erkunden. Auf 23 Fotografien nähern sich die beiden Raumplanungstudierenden analytisch, forschend dem Ort. Was wir sehen, ist die Stadt in ihren Gegensätzen: Das Private des Hinterhofs trifft auf breite, von Gewerbe und öffentlichem Leben geprägte Straßenzüge; das Einfamilienhaus grenzt an einen mehrgeschossigen Wohnbau; das Gewächshaus steht neben dem Gemeindebau; Schnellstraßen durchqueren bewirtschaftete Agrarflächen. Die Apotheke – das eigentliche Forschungsobjekt – inszeniert sich inmitten einer Zeile aus historischen Bestandsbauten als moderner, «cooler» Betonbau samt Dachgarten, üppig bepflanzt mit medizinischen Kräutern.

Wie in der Anwendung anderer Methoden, ist auch bei der Fotografie eine gründliche Fremd- und Eigenreflexion erforderlich. Die räumlichen Signifikanzen, der subjektive Zugang und die Verzerrung des Raums durch den persönlichen Zutritt – insbesondere unter Mitnahme einer Kamera – sind dabei genau zu berücksichtigen. Der Satz «my view of the others ... view of me» von Ronald D. Laing (Laing 1966, 479) wurde dabei zum Leitgedanken auf den Forschungsreisen der Studierenden.

Fotoserie «Auf Spurensuche: die Apotheke im historischen Ortskern Aspern»

Fotoserie «Auf Spurensuche: die Apotheke im historischen Ortskern Aspern»

Banks, Marcus (2007). Using Visual Data in Qualitative Research. Hg. Uwe Flick. London.

Bourdieu, Pierre. 2005 (1998). Die männliche Herrschaft. Frankfurt a. M.

Burckhardt, Lucius (2006). Spaziergangswissenschaft. In: Warum ist Landschaft schön? Die Spaziergangswissenschaft, Hg. Markus Ritter et al., 257–300. Kassel.

Debord, Guy (1996). Die Gesellschaft des Spektakels. Berlin.

Eckardt, Frank (2014). Stadtforschung. Gegenstand und Methoden. Wiesbaden.

Gerber, Andri et al. (2017). Methodenhandbuch für das Entwerfen in Architektur und Städtebau. Zürich.

Laing, R.D.; Phillipson, H. und Lee, A.R. (1966). Interpersonal Perception: A Theory and a Method of Research. London.

Latour, Bruno (2007). Eine neue Soziologie für eine neue Gesellschaft. Frankfurt am Main.

Meili, Marcel (1997). Interview mit Margherita Spiluttini und Heinrich Helfenstein. In: Daidalos 66: Fotografie als Argument.

Schließmann, Caroline (2009). Das Theater von Rimini-Protokoll. Norderstedt.

Wildner, Kathrin; Tamayo, Sergio (2004). Möglichkeiten der Kartierung in Kultur- und Sozialwissenschaften. Forschungsausschnitte aus Mexiko Stadt. In: Dziewior, Yilmaz; Möntmann, Nina; Galerie für Landschaftskunst (Hg.): Mapping a City. Ostfildern.

Autor:innen

194   Monika Ankele
Historikerin, war Kuratorin
am Medizinhistorischen
Museum Hamburg und wissenschaftliche
Mitarbeiterin am Institut für Geschichte
und Ethik der Medizin des Universitäts-
klinikums Hamburg-Eppendorf, bevor sie
2020 an die Medizinische Universität
Wien wechselte. Sie forscht zur Geschichte
der Psychiatrie und den institutionellen
Kulturen des 19. und 20. Jahrhunderts.
Sie ist Mitherausgeberin des Bandes
«Material Cultures of Psychiatry» (2020)
und Gründungsmitglied der «Interna-
tional Association for Medical & Health
Humanities and Artistic Research».

Lene Benz
ist Urban Designerin und Kultursoziolo-
gin. Sie arbeitet kollaborativ an der
Schnittstelle von Stadtforschung, Archi-
tektur und experimentellem Design. Als
Research Scientist konzipiert sie «Wohn-
Wissen Übersetzen» – eine Lern- und
Lehrplattform zu kollektivem Wohnen
und Bauen. Seit 2018 kuratiert Lene
Benz das Veranstaltungsprogramm im
Architekturzentrum Wien (Az W). Lehr-
tätigkeiten hatte sie u. a. an der Zürcher
Hochschule der Künste (ZHdK), der
Universität der Künste Berlin (UdK) und
der HafenCity Universität Hamburg
(HCU).

Janina Kehr
hat in Sozialanthropologie promoviert.
Ihre Forschung umfasst die Bereiche
Infektionskrankheiten, globale Gesundheit, Medizin und Ökonomie. Zurzeit
schreibt sie an einer Arbeit über öffentliche Gesundheitsinfrastrukturen und
Praktiken der Versorgung an der Schnittstelle von Schulden-Ökonomien, staatli-
chen Bürokratien und den Erfahrungen
der Menschen im von Sparmaßnahmen
gebeutelten Spanien.

Judith M. Lehner
arbeitet an den Schnittstellen von Theorie
und Praxis in den Bereichen Architektur
und Stadtforschung. Als promovierte
Stadtplanerin setzt sie sich mit Transfor-
mationsprozessen im Kontext von gesellschaftlichen Krisen auseinander und
erforscht kollektive Räume des Wohnens
und der sozialen Infrastruktur in latein-
amerikanischen und europäischen
Städten. Sie koordiniert das Forschungs-
zentrum Neues Soziales Wohnen an
der Fakultät für Architektur und Raumplanung der TU Wien.

Magdalena Maierhofer
forscht und arbeitet im Spannungsfeld
von Gesundheitsinfrastrukturen, Public
Health und Raumplanung und entwickelt
neue planerische Perspektiven auf gesundheitsrelevante Infrastrukturen in
urbanen und ruralen Kontexten. Dabei
erforscht sie die Räume und Praktiken
formeller und informeller Produktion
sozialer Orte und Infrastrukturen. Seit
2018 lehrt und forscht sie am Forschungsbereich Örtliche Raumplanung der TU
Wien und ist Projektleiterin nationaler
und internationaler Forschungsprojekte.

Kathrin Schelling
arbeitet an der Realisierung von Gesund-
heitsbauten. Als Lektorin befasst sie
sich mit den Schnittstellen von aktuellen
Tendenzen zu realer Planung und ihren
programmatisch-räumlichen Auswirkungen auf Architektur. Sie ist Mitbegründerin des Architekturkollektivs AKT, das
sich konkret mit diesen architektonisch/
theoretischen Möglichkeitsräumen und
deren Materialisierung beschäftigt. Bei
ihren Arbeiten bedient sie sich bewusst
unterschiedlicher Formate, um Architektur aktiv zu diskutieren. Sie ist Mitarbeiterin im Büro SWAP Architekten
und an der TU Wien.

Evelyn Temmel
lehrt und forscht seit 2017 an den Wechselwirkungen zwischen Gesundheit und
Architektur im Rahmen ihrer Tätigkeit
am Forschungsbereich Gebäudelehre und
Entwerfen an der TU Wien. Einen Fokus
legt sie dabei auf die Untersuchung von
Gebäudekonzepten, Formen der Nutzung und die Planungs- und Umsetzungs-
prozesse, die darauf Einfluss nehmen.
Sie ist Mitbegründerin des Architekturbüros BELT, das an der Schnittstelle
zwischen Städtebau, Architektur und
Intervention diverse Projekte in unterschiedlichen Maßstäben umsetzt.

Cor Wagenaar
leitete ab 1995 am Universitätsklinikum
Groningen verschiedene Forschungsprojekte im Bereich der Architektur des
Gesundheitswesens, die in einer Reihe
von Büchern mündeten. Er ist ordentli-
cher Professor für Geschichte und Theorie des Urbanismus an der Universität
Groningen und leitet das Kompetenzzentrum Architektur, Urbanismus und
Gesundheit (a-u-h.eu), dessen Besonderheit darin besteht, dass es von der Perspektive der Architektur und des Urbanismus ausgeht und nicht von der des
Gesundheitswesens.

Danksagung

Das vorliegende Buch verdankt seine Existenz der EXCITE-Förderung der Fakultät für Architektur und Raumplanung der TU Wien. Wir bedanken uns insbesondere bei Rudolf Scheuvens, Dekan der Fakultät, sowie der Jury der EXCITE-Initiative, dass SPACE ANATOMY als herausragendes Projekt in der Verbindung von Lehre und Forschung ausgewählt und finanziert wurde.

Co-Forschung als zentraler Aspekt von SPACE ANATOMY wäre ohne motivierte Studierende der Studienrichtungen Architektur und Raumplanung nicht möglich gewesen. Durch die Diskussionen und Erfahrungen aus den field trips, welche die Studierenden in das Projekt eingebracht haben, entstand eine über die beiden Fachbereiche hinausreichende Vielfalt an Perspektiven auf Gesundheitsinfrastrukturen in Österreich. Wir bedanken uns bei den Teilnehmenden des Moduls und der Entwurfsübung «SPACE ANATOMY. Gesundheit und soziale Infrastruktur: Architektur, Planung und Praktiken»:

Salzburg/Tirol	Ceren Görgün
	Karin Kienast
	Christof Specht
Oberösterreich	Marina Babic
	Emma Gisinger
	Lena Harfmann
	Daniela Iliovski
Steiermark	Berke Girgin
	Marina König
	Anna Luisa Leutgeb
Vorarlberg	Julia Bertermann
	Yasmin Haase
	Philipp Hofer
Wien/Niederösterreich	Marion Kerstin Müller
	Rafael Werluschnig
Wien/Oberösterreich	Barbara Haunold
	Goran Lojpur
	Simon Wesenauer

Als Tutor unterstützte uns
Jakob Pesendorfer – danke!

Die allgemeine Recherchearbeit und insbesondere die Analyse der im Katalogteil vorgestellten Projekte erforderte nicht nur von den Co-Forscher:innen Engagement, wir bedanken uns auch recht herzlich für die grafische Unterstützung bei Julia Bertermann sowie bei Michael Hafner und Katharina Hohenwarter. Wir waren auch auf die Offenheit, das Interesse und die Kooperation vieler Organisationen und Institutionen, Unternehmen und Verwaltungseinheiten, Freiwilligengruppen und Vereine angewiesen. Herzlichen Dank an die Gesprächspartner:innen!

Für die Perspektivenerweiterung jenseits unserer SPACE ANATOMY-Projektarbeit bedanken wir uns bei bei Monika Ankele, Janina Kehr und Cor Wagenaar für ihre Beiträge. Durch Teilnehmer:innen der Lunch-Talks wurde verschiedenstes Erfahrungswissen unterschiedlicher fachlicher Bereiche zusammengedacht und auch notwendige zukünftige Forschungsfelder benannt. Wir bedanken uns für die Neugierde und das Interesse an einem transdisziplinären Austausch!

Ohne die Unterstützungserklärung von Tina Gregorič, Sabine Knierbein und Andreas Voigt bei der Antragstellung wäre der Forschungsprozess erst gar nicht ins Laufen gekommen. Vielen Dank! Für die finanzielle Unterstützung zum Projektabschluss bedanken wir uns des Weiteren beim Institut für Raumplanung, dem Forschungsbereich Örtliche Raumplanung sowie beim Studiendekanat für Architektur und beim Dekanat für Architektur und Raumplanung der TU Wien.

Für die administrative Unterstützung danken wir Lena Hohenkamp und Doris Mayer. Wir danken dem future.lab für die Unterstützung und insbesondere Madlyn Miessgang für ihre grafischen Inputs. Die gestalterisch ansprechende Umsetzung unserer Ideen und Forschungserkenntnisse verdanken wir David Einwaller. Die Transkription der Lunch-Talks übernahm Daniela Dreisigacker – herzlichen Dank! Für das Lektorat bedanken wir uns bei Eva Guttmann, die es geschafft hat, die komplexe Thematik lesbar zu machen.

Es ist eine Freude, diese Publikation nicht als Abschluss, sondern als Anlass zu nehmen, zukünftige Projekte und transdisziplinäre Forschungen gemeinsam zu entwickeln!
Die Herausgeberinnen

Danksagung

Abbildungsverzeichnis

S.148/149 *Interaktionsorte im Haus für Senioren.* Entstanden im Rahmen der Space Anatomy Lehrveranstaltung (Studierende: Marina Babic, Emma Gisinger, Lena Harfmann, Daniela Iliovski).

S.152 *Neue Orte der Pflege.* Entstanden im Rahmen der Space Anatomy Lehrveranstaltung (Studierende: Julia Bertermann, Yasmin Haase, Philipp Hofer).

S.154 *Mitdafinerhus Dafins.* Entstanden im Rahmen der Space Anatomy Lehrveranstaltung (Studierende: Julia Bertermann, Yasmin Haase, Philipp Hofer).

S.155 *Haus Mitanand.* Entstanden im Rahmen der Space Anatomy Lehrveranstaltung (Studierende: Julia Bertermann, Yasmin Haase, Philipp Hofer).

S.158 *Neue Orte der Versorgung.* Entstanden im Rahmen der Space Anatomy Lehrveranstaltung (Studierende: Berke Girgin, Marina König, Anna Luisa Leutgeb).

S.159 *Grieslerei.* Entstanden im Rahmen der Space Anatomy Lehrveranstaltung (Studierende: Berke Girgin, Marina König, Anna Luisa Leutgeb).

S.162/OBEN *Hospizhaus, Hall in Tirol.* Entstanden im Rahmen der Space Anatomy Lehrveranstaltung (Studierende: Ceren Görgün, Karin Kienast, Christof Specht).

S.162/UNTEN *Wohnhaus St. Cyriak, Pfarrwerfen.* Entstanden im Rahmen der Space Anatomy Lehrveranstaltung (Studierende: Ceren Görgün, Karin Kienast, Christof Specht).

S.163 *Abläufe.* Entstanden im Rahmen der Space Anatomy Lehrveranstaltung (Studierende: Ceren Görgün, Karin Kienast, Christof Specht).

S.164 *Wohnhaus St. Cyriak, Pfarrwerfen: Netzwerke und Logistik der Nahrungsmittel.* Entstanden im Rahmen der Space Anatomy Lehrveranstaltung (Studierende: Ceren Görgün, Karin Kienast, Christof Specht).

S.165 *Hospizhaus, Hall in Tirol: Netzwerke und Logistik der Nahrungsmittel.* Entstanden im Rahmen der Space Anatomy Lehrveranstaltung (Studierende: Ceren Görgün, Karin Kienast, Christof Specht).

S.168 *Körperliches Erforschen.* Entstanden im Rahmen der Space Anatomy Lehrveranstaltung (Studierende: Studierende: Marina Babic, Emma Gisinger, Lena Harfmann, Daniela Iliovski).

S.173/OBEN *Collage.* Entstanden im Rahmen der Space Anatomy Lehrveranstaltung (Studierende: Studierende: Marion Kerstin Müller, Rafael Werluschnig).

S.173/UNTEN *Derive.* Entstanden im Rahmen der Space Anatomy Lehrveranstaltung (Studierende: Marion Kerstin Müller, Rafael Werluschnig).

S.174-175 *Stimmungsbilder.* Entstanden im Rahmen der Space Anatomy Lehrveranstaltung (Studierende: Marion Kerstin Müller, Rafael Werluschnig).

S.179 *Umfrage.* Entstanden im Rahmen der Space Anatomy Lehrveranstaltung (Studierende: Marina Babic, Emma Gisinger, Lena Harfmann, Daniela Iliovski).

S.183/OBEN *Bewohner:innen.* Entstanden im Rahmen der Space Anatomy Lehrveranstaltung (Studierende: Julia Bertermann, Yasmin Haase, Philipp Hofer).

S.183/UNTEN *Netzwerk.* Entstanden im Rahmen der Space Anatomy Lehrveranstaltung (Studierende: Julia Bertermann, Yasmin Haase, Philipp Hofer).

S.184-185 *Übersichtsplan, Verortung in der Gemeinde.* Entstanden im Rahmen der Space Anatomy Lehrveranstaltung (Studierende: Ceren Görgün, Karin Kienast, Christof Specht).

S.189-191 *Fotoserie, «Auf Spurensuche, die Apotheke im historischen Ortskern Aspern».* Entstanden im Rahmen der Space Anatomy Lehrveranstaltung (Studierende: Marion Kerstin Müller, Rafael Werluschnig).

© Space Anatomy Team: Lene Benz, Judith M. Lehner, Magdalena Maierhofer, Kathrin Schelling, Evelyn Temmel

Herausgeberinnen: Magdalena Maierhofer,
Evelyn Temmel, Judith M. Lehner, Kathrin
Schelling, Lene Benz

Cover: David Einwaller (Grafik: Yasmin
Haase, Philipp Hofer, Julia Bertermann;
Text: angelehnt an Dudenredaktion (2019).
Duden Deutsches Universalwörterbuch
(9. Aufl.). Berlin. S. 143.)
Lektorat: Eva Guttmann
Gestaltung und Satz: David Einwaller
Lithografie: Bild1Druck, Berlin
Druck und Bindung: Holzhausen, Wolkersdorf
Papier: Arcoprint Milk 100g, IQ Color 120g
Schriften: Univers LT, Rotation LT

Mit freundlicher Unterstützung der
EXCITE-Initiative, Fakultät für Architektur
und Raumplanung, TU Wien

Bibliografische Information der Deutschen
Nationalbibliothek
Die Deutsche Nationalbibliothek verzeichnet
diese Publikation in der Deutschen National-
bibliografie; detaillierte bibliografische
Daten sind im Internet über http://dnb.d-nb.de
abrufbar.

jovis Verlag GmbH
Lützowstraße 33
10785 Berlin

www.jovis.de

jovis-Bücher sind weltweit im ausgewählten
Buchhandel erhältlich. Informationen zu
unserem internationalen Vertrieb erhalten
Sie von Ihrem Buchhändler oder unter
www.jovis.de.

ISBN 978-3-86859-770-7 (Softcover)
ISBN 978-3-98612-009-2 (E-PDF)